打 造 新 质 生 产 力

决胜

大模型

周鸿祎 著

人民邮电出版社

北 京

图书在版编目（CIP）数据

决胜大模型：打造新质生产力 / 周鸿祎著．

北京：人民邮电出版社，2025. -- ISBN 978-7-115

-66413-6

Ⅰ．F49

中国国家版本馆 CIP 数据核字第 2025B97Q38 号

◆ 著　　　　周鸿祎

责任编辑　王军花

责任印制　胡　南

◆ 人民邮电出版社出版发行　　北京市丰台区成寿寺路11号

邮编　100164　电子邮件　315@ptpress.com.cn

网址　https://www.ptpress.com.cn

天津市豪迈印务有限公司印刷

◆ 开本：720×960　1/16

印张：18.5　　　　　　　　　2025 年 6 月第 1 版

字数：215 千字　　　　　　　2025 年 8 月天津第 2 次印刷

定价：69.80元

读者服务热线：(010)84084456-6009　印装质量热线：(010)81055316

反盗版热线：(010)81055315

前言

政府和企业拥抱 AI 面临的困惑

自从大模型问世以来，舆论上很热。但是，在我们跟政府和企业沟通的过程中，大家还是会提出很多问题。我们对这些问题进行了分析和归类，大概可以分成两派："观望派"和"行动派"。

首先，我们来看一下"观望派"的典型问题。

- 大模型技术很复杂，政府和企业搞得了吗？
- 国外、国内很多大模型可以免费使用了，"薅点儿羊毛"是不是就够了？
- 大模型现在还不完美，等 GPT-5 或者更先进的模型出来以后再说？
- 大模型安全问题还没有解决，是不是等解决以后再考虑使用？
……

仔细分析这些问题，可以看出它们基本上聚焦于两个方面：一是大模型技术是不是很复杂，我们能否搞得了；二是我们是否应该等待更成熟的技术或解决方案出现。

当然，"行动派"也提出了很多问题，我们在这里看几个典型的。

- 千亿参数的大模型能力很强，能不能用这样一个大模型解决所有问题？
- 行业大模型、产业大模型、企业大模型、垂直大模型，到底应该选哪一个？
- 有了大模型，企业原来的 IT 系统是不是就可以淘汰了？
- 没有算力，能不能搞大模型？
- 没有 AI 专家，没有程序员，能不能搞大模型？
- 政府和企业搞大模型有没有方法论？

……

这些问题的主要关注点有三个方面：一是市面上出现了那么多大模型，应该如何选；二是如果想搞大模型，对算力、人才等有什么要求；三是政府和企业应用大模型，有没有什么方法论。

本书将围绕以上这些问题进行一次科普。我希望通过科普的方式，让大家理解大模型，并能对大模型建立基本的认知，而不是陷在大模型复杂的技术细节里。

政府和企业想拥抱 AI，首先要树立 AI 信仰

在采取行动之前，我觉得首先要解决一个认知问题。我提出了一个概念，

叫"AI 信仰"或者"AI 认知",就是说你相不相信这件事。我认为在行动之前,不管是政府里的各级领导,还是我们企业的管理者,首先要解决一个认知统一的问题。

为什么会有人对当前的 AI 抱有质疑态度呢?大家可能知道,"人工智能"(Artificial Intelligence,AI)这个概念是 1956 年约翰·麦卡锡(John McCarthy)、马文·明斯基(Marvin Minsky)等科学家在达特茅斯会议上提出来的。也就是说,AI 这个概念从诞生到现在已经快 70 年了。

这么多年以来,每次 AI 领域有什么新的突破,都会有人说我们这次真的解决了问题。可是每一次都证明实际上并没有解决问题。比如说两三年前的智能音箱、早期 iPhone 中的语音助理 Siri,宣传是人工智能,但你跟它们聊两句就聊不下去了,因为聊上两句就知道它们不那么智能。还有一些早期的智能网联车也类似,用户坐在车里,只要发出的指令不对,车载系统就听不懂,就不能像一个真人一样跟人类自如地对话。

为此,曾经有人把搞 AI 的人比喻成一群猴子,说这些猴子想登上月亮。于是,某一天这些猴子先找到了一棵树,然后一直努力向上爬,等终于爬到了树顶,就宣布说自己离月亮很近了。但是大家知道,站在树顶是登不上月亮的。过了一段时间,他们又宣布了一个新的成果,相当于又找到了一棵更高的树并且爬到了树顶,但还是没法登上月亮。而这一次大模型出来了,大家就会质疑说,是不是你们又找到了一棵更高的树?还是真的找到了登月的途径?也就是说,我们宣称大模型使人类迎来了 AI 的一场新的革命,大家对此都有些审美疲劳了。结果很多人会有疑虑,大家会在网上争论大模型到底是不是真智能。

那大模型到底是不是真智能呢？对这个问题的认知非常重要。你如果不相信它，那就谈不上去使用它。只有相信它，了解它的长处和短处，才能知道怎么把它用好。所以说问题的焦点，实际上是你相不相信大模型是真智能，这是一个根本的认知问题。

为了帮助你判断，我总结了六个问题。你可以自我验证一下，看看针对这六个问题，你的答案是什么。

第一个问题：你相不相信大模型是真智能？还是说，你仍然认为大模型像之前的智能音箱或者手机上的语音助理一样，并非真智能？我在用大模型的时候，越用越有一种敬畏心理。虽然我会努力说服自己，这玩意儿就是机器，但是输入不同的词，它的反应确实是不一样的。相不相信大模型是真智能，我觉得这是认知的基础。

第二个问题：你相不相信AGI，也就是通用人工智能（Artificial General Intelligence）正在加速到来？稍微解释一下AGI，它指的是一种具备广泛智能的AI系统，能够像人类一样在多种领域和任务上进行学习、推理并解决问题。我们可以想一想，OpenAI这家公司为什么能够在那么长的时间内领先全世界，即使在美国也是遥遥领先、一枝独秀？为什么他们能把谷歌发明但没有首先用好的Transformer架构用到极致？抛开所有的方法论不讲，最重要的是，他们有一个坚定的信仰。他们坚定地相信，只要增加数据、增加算力、增加模型参数，就一定能够实现AGI。AI如果不能实现AGI，那就意味着AI还有很多工作做不了；如果能实现AGI，就意味着它在相当程度上可以跟人的智力和能力相匹敌。过去一两年，AI几乎每天都有新成果，基于这种"一日千里"的发展速度，我们有理由相信AGI正在加速到来。

第三个问题：你相不相信大模型是一场工业革命？尽管很多技术，比如VR（Virtual Reality，虚拟现实）、Web3、区块链，在推出时都曾经号称自己要掀起一场革命，但是事实证明它们有的是技术创新，有的是产品体验创新，有的是商业模式创新，而只有大模型才可以称得上是一场真正的工业革命。所谓工业革命，就是说大模型会像人类历史上已经发生的三次工业革命一样，即像当年的蒸汽机、电力、计算机和互联网的出现一样，推动整个社会的变革。

第四个问题：你相不相信大模型将重塑所有产品和业务？最近，包括"木头姐"、红杉资本、a16z 在内的美国风险投资人或风险投资机构轮番发表各种报告。可以看出，在许多美国风险投资人心目中，他们已经把大模型看成了 1995 年的互联网和 1982 年的个人计算机，也就是工业革命级的技术。工业革命意味着什么？对公司来说，这可能意味着重塑所有的产品和业务，包括我们的管理流程和业务流程，还有效率提升、技术创新、决策支持、个性化服务、新业务模式，甚至行业融合。

第五个问题：你相不相信不拥抱 AI 的企业可能会被拥抱 AI 的企业淘汰？为什么我选择来做 AI 的科普？因为 AI 已经不是一个科技话题，更是一个社会话题。上至各个国家的领导人，下至企业、工厂里的一线工人，大家都在关心 AI 出来以后，对我们每个人到底有什么样的影响。我觉得对于企业家来讲，需要考虑你的业务是不是值得用 AI 重做一遍，或者用 AI 加持一遍。我认为不用 AI 的公司会被用 AI 的公司淘汰。虽然我们的业务今天不用 AI 什么事都没有，但你只要闭上眼睛想一想，如果你的对手、你的同行、你的友商用 AI 降本增效了，那你会怎样？

　　第六个问题：你相不相信不拥抱 AI 的个人会被拥抱 AI 的个人淘汰？你肯定听说过自己的工作岗位要被 AI 代替了，或者你所在的行业要被 AI 摧毁了这样的说法。这些说法在网上还有很多争议，因为"不争议无流量"，为此就会有很多人借机煽动一些焦虑情绪。关于 AI 是不是会带来大规模失业的问题，我一直持一个比较乐观的态度。我觉得大模型是人类有史以来发明的最好的工具。人类发明工具来提高自己的生产力和个人能力，这在历史上已经发生过很多次了。一般情况下，我认为有了大模型并不意味着你会失业，它反而可以让你提高工作效率，甚至解锁很多过去不具备的能力。不过，虽然AI 不会让你失业，但是你的同行会让你失业。如果你不懂 AI，你不用 AI，那懂 AI、用 AI 的人可能会取代你。

　　对上面这六个问题，你会给出什么答案？无论答案如何，认知问题都很重要。每当一次技术浪潮来临时，为什么会有很多公司被淘汰？就是因为这些公司的老板认知不对，于是就会导致自己处在一个看不清、看不懂、看不起的状态。就像互联网刚刚兴起的时候，大家会质疑道："这有什么啊，不就是一帮小孩儿在网上发些文字和图片吗？"还有个人计算机刚出来的时候，同样有人认为"不过是一帮小孩儿搞的一些个人玩具而已"。然而，正是因为你看不清、看不懂、看不起，可能最后就看不见了。

　　据报道，2024 年 6 月，英伟达的总市值达到 3 万多亿美元，一举超过了微软和苹果，成为全球市值最高的公司。我觉得这是一个典型的标志，说明AI 时代到来了。但是我觉得如果不能建立 AI 认知或者树立 AI 信仰，可能你就会一直观望，实际上 AI 已经在迅速地改变世界。

DeepSeek 火爆出圈，大模型落地正当其时

2025 年春节前，DeepSeek（深度求索）发布并开源了 DeepSeek-R1。发布之后，在几乎没有广告投入的情况下，7 天收获 1 亿用户，创最快破亿纪录。DeepSeek 为什么会如此火爆呢？尽管 OpenAI 的 o1 模型同样采用强化学习方式且更早推出，但与 DeepSeek-R1 相比，其一方面为收费使用，用户规模相对较小，另一方面为闭源架构，技术未公开。因此，免费使用、技术公开且用户规模庞大的 DeepSeek-R1 成了"AI 发展史上的重要里程碑"。

DeepSeek 的技术创新很多，除了 DeepSeek-R1 技术报告中提到的之外，DeepSeek 还在 2025 年 2 月最后一周连续 5 天发布 5 个开源项目，展现了其创新、开放的格局。DeepSeek 的开源模式优势尽显，它促使全球公司、开发者等纷纷转向开源阵营，建立起强大生态，使 DeepSeek 的开源技术成为全球 AI 的"根技术"。回顾当初 Linux 开源操作系统的脱颖而出，让人不禁浮想联翩。

DeepSeek-R1 出现后，中国面向普通用户的 AI 工具的先进性和普及率将远超美国。一方面，政府和企业因模型开源透明、可信，可以进行大量私有化部署；另一方面，DeepSeek 将研究成果开源共享，终结中国"百模混战"，节约大量开发经费。同时，众多公司、开发者参与模型优化，并基于其生态开发应用，促进 AI 应用如"寒武纪大爆发"般蓬勃发展。此外，其适配国产硬件、降低推理与训练成本、公开蒸馏方法等创新，使 AI 技术门槛骤降，创业者有机会与巨头同线起跑，其他发展中国家也有机会入局，共同融入全球 AI 发展浪潮。

回到 DeepSeek 如何在政府和企业落地应用的问题。DeepSeek 虽然能力强大，个人使用绰绰有余，但要在政府和企业应用需要与场景结合。正如我在本书里一再强调的，不要幻想用一个大模型解决所有问题，而是要找垂直场景，做专业大模型。而且，政府和企业内部未来一定是多个大模型组合工作。DeepSeek 开源、免费、能力强、可本地部署，是打造专业大模型、垂直大模型、场景大模型的理想选择。

有了场景之后，只有 DeepSeek 还不够，打造专业大模型，实现企业级应用，还应解决知识库、智能体、融合工作流等问题。知识库是 DeepSeek 更懂企业的基础，智能体则能通过大模型调用各种工具，将日常重复性业务流程形成剧本（Playbook），实现融合工作流。这些内容本书第三部分都有详细介绍。

至于个人应如何更好地拥抱 DeepSeek，提升 AI 能力，我推荐使用"纳米 AI"个人版作为学习 AI、了解 AI、掌握 AI 的工具。"纳米 AI"搭载 DeepSeek-R1 联网满血版模型，可实现"实时搜索 + 复杂推理"的完全融合，且服务稳定；支持语音搜、拍照问，可直接生成答案，并支持文生图、图生视频等多模态功能。

最后，正如前面所说，AI 领域几乎每天都有新成果、新进展。关于这些新成果、新进展，请各位读者关注我的抖音号、视频号"红衣大叔周鸿祎"。

大模型发展的十二个趋势预测

我们看到，大模型领域呈现出快速发展的态势。立足当下，我总结了大模型的十二个发展趋势。

　　一是全球大模型集体进入推理时代。如同人类一样，大模型有两种思考模式。快思考模式基于直觉、经验和快速模式匹配来生成回答，就像人在课堂提问时的快问快答方式。GPT-4o、DeepSeek-V3 等大模型都擅长这种思考模式。慢思考模式运用逻辑推理、知识整合等方式逐步得出答案，就像人撰写博士论文时需要深思熟虑。OpenAI o1、DeepSeek-R1 等大模型擅长此种思考模式。我觉得，推理模型的长思维链多步骤、连贯且深入的思考过程，才是人类智力的真正体现。正是由于模型厂商探索出强化学习方法，模型推理能力获得重大突破，从而改写了 AI 发展方向，推理将成为全球大模型的发展趋势，推理能力将成为 AI 新阶段的核心能力。当然，我相信，快思考与慢思考相结合会有更好的未来。

　　二是模型越做越专。除了少数实力雄厚的科技巨头之外，大多数公司都将目光聚焦在垂直或专业大模型上。为什么会这样呢？因为术业有专攻。现在流行 MoE（Mixture of Experts，混合专家）架构，其本质就是把多个专家模型组合到一起，形成一个功能强大的大模型。就拿 DeepMind 的 Alpha 系列产品来说，它们就是这种专业化趋势的最佳范例。我认为，未来 AGI 的重大突破，很可能就会在这些专业方向上实现。

　　三是模型越做越小。"满血版"的大模型功能确实强大，但它们参数规模太大，特别消耗资源。360 等公司就另辟蹊径，把模型给"缩小"了。可别小瞧小参数模型，它们仍然具备强大的能力，而最大的优点是能极大地节省算力资源，大大降低部署成本，是性价比之选。这些小参数模型还特别适合应用到各种终端设备上，像汽车、个人计算机，甚至是具身智能领域。

　　四是知识的质量和密度决定大模型能力。大模型的能力，越来越取决于知识的质量和密度。高质量的数据，还有合成数据，能让模型的知识密度快速提升。这样一来，大模型不需要特别大的参数量，就能达到更高的性能。不仅如此，大模型还能通过一种叫"蒸馏"的方式，把自己的能力传递给小参数模型，就像老师把知识传授给学生一样。

五是成本越来越低。2024 年以来，大模型的成本如自由落体般直线下降。在国外，GPT-4 等效智能的价格，在 18 个月里下降至几百分之一。而在国内，开源、免费模型的出现，更是让模型成本几乎降到了零。这对于广大开发者和企业来说，简直就是天大的好消息，他们能以更低的成本去拥抱大模型技术了。

六是多模态越来越重要。大模型不仅仅局限于理解文本，已经开始朝着理解图像、音频、视频的方向大步迈进，就好像一个人从只认识文字，到能看懂画面、听懂声音，实现了对世界更全面的理解。而且，在输出方面，也从只能生成文本，变成可以生成图像、音频、视频，真正实现了"多模态输出"，给我们带来更丰富的体验。

七是开源必将战胜闭源。开源的魅力就在于它能吸引全球的开发者一起参与到产品和技术的优化中来。这就好比一块巨大的磁铁，把全世界的智力资源都给吸过来了，形成了一种"磁场效应"。通过开源，能建立起一个超级强大的生态，从云计算到各个垂直行业，从个人用户到企业客户，从上游产业到下游产业，市场版图覆盖全球。这样一来，会有越来越多的应用转到开源生态上，开源生态将逐渐成为业界标准。

八是中国 AI 技术赶超美国。美国多数公司在大模型发展上，一直遵循预训练规模法则（Scaling Law）范式，走的是堆 GPU（Graphics Processing

Unit，图形处理单元）的路线，就像那个"星际之门"计划。但是中国的DeepSeek-R1 一出现，就催生了"推理型规模法则"，直接改写了 AI 的发展方向，凭借开源文化，对抗闭源垄断，利用自身的生态优势实现了弯道超车。现在，中国在模型的先进性和普及度上都在追赶甚至超越美国，加速了技术普惠和行业智能化的进程。

九是智能体（Agent）推动大模型快速落地。大模型就像大脑，而智能体就像基于这个大脑构建出来的有手有脚、能自主工作的"数字员工"，是一种全新的生产力。这些"数字员工"能够调用各种各样的工具，具备行动的能力，还能把日常那些重复性的业务流程写成脚本，实现"流程自动化"，大幅提升社会生产力。

十是推理算力流量占比提升，国产 AI 芯片厂商迎来新机遇。训练算力主要是用来训练模型的，需要处理大量的数据，去调整模型的参数。其计算量很大，一般得靠强大的 GPU 集群或者专业的 AI 芯片来支持大规模并行计算，而且容错率还比较低。推理算力则是用于拿训练好的模型去预测新数据，计算量相对较小，对精度的要求也能适当降低，所以在硬件选择上更灵活，像边缘设备里的低功耗芯片都能派上用场。由于模型开源，大家不用自己再去从头训练模型了，因此训练算力需求减少了，推理算力的占比就提升了。这对国产 AI 芯片厂商来说是重要机遇，因为这样能降低对高端 AI 训练芯片的依赖。要是能对国产算力芯片做好适配和优化，就能盘活国内 AI 硬件企业，构建起自主可控的 AI 产业链。

十一是私有化部署变得普遍，带来更多分布式算力网络需求。美国的推理算力以云端集中式为主，而中国则发展出了分布式算力网络，双方在算力布局上呈现出不一样的整体态势。现在，模型可以在政府和企业侧以一体机为代表的分布式算力上部署，这样就能节省大量云端算力。而且政府和企业内部往往需要部署多个大模型来解决不同的问题。再加上蒸馏小参数模型技术的发展，以后个人都能拥有大模型，所以未来的算力会更加分散。

十二是各行各业 AI 应用将迎来大爆发。企业里的多数场景，都可以用开源模型来重塑，达到降低成本、提高效率的目的，这就会引发行业应用的大爆发。像 DeepSeek 这样高性能、低成本的开源模型不断普及，会让拥抱大模型的开发者和企业的数量成十倍、百倍地增加，大家都能实现"大模型自由"。随着技术越来越开放，AI 行业会变得越来越蓬勃，说不定很快就会迎来 AI 应用的"iPhone 时刻"，彻底改变我们的生活和工作方式。

这些趋势不仅勾勒出大模型技术演进的脉络，更预示着人工智能赋能产业升级的广阔前景。随着技术持续突破与生态不断完善，大模型必将成为推动人类社会智能化变革的关键力量，为经济发展与社会进步注入无限可能。

目录

01 技术观
大模型是真智能　　　001

02　产业观 大模型将引领新工业革命　103

第 5 章　大模型是新质生产力的驱动引擎，将引发新一轮工业革命　105

第 6 章　通用大模型之战　117

03　方法论　专业化大模型如何落地　181

第 9 章　政府和企业落地大模型的误区和关键问题　183

第 16 章　　360 企业级大模型落地方案　　　　253

01

技术观
大模型是真智能

第 1 章

大模型理解了人类语言，是 AI 发展的重大突破

1.1　两种极端观点

现在，社会上对大模型有两种极端的观点，如图 1-1 所示。我觉得这两种极端观点都是不对的。

第一种观点认为大模型是用大量语料训练出来的"造句填空机"，虽然它能够回答人类的问题，但它自己也不能理解自己说的意思。换句话说，这种观点认为大模型相比传统 AI 没有实质性突破。

第二种观点认为大模型会毁灭人类。这种观点认为大模型会像科幻电影里描述的那样，变成硅基生物，不受人类控制，而最终将毁灭人类。

观点1：大模型是"造句填空机"

观点2：大模型会毁灭人类

- 大模型是用大量语料训练出来的"造句填空机"
- 相比传统 AI 没有实质性突破

- 大模型的智能水平将超越人类
- 硅基生物将超越碳基生物
- AI 会毁灭人类

图 1-1　大模型是真智能还是假智能？存在两种极端观点

　　我觉得这两种观点都会引起错误的决策。第一种观点会导致忽略大模型；第二种观点会因为安全的考虑，而给大模型带来很多束缚和制约。比如，埃隆·马斯克（Elon Musk）多次在公开场合表达对 AI 潜在风险的担忧，认为大模型可能带来危险。然而，他在 2023 年 7 月宣布成立自己的 AI 公司 xAI。也就是说，他在嘴上会说观点 2，认为大模型很危险，但他实则花了很多钱，雇了很多人，自己也在加紧研发自己的大模型。xAI 公司从成立至今已经先后发布了 Grok-1、Grok-1.5、Grok-1.5 Vision、Grok-2、Grok-2 mini 等模型。据称，Grok-2 在聊天、编码和推理能力上取得了显著进步，达到了与 GPT-4 相当的性能。

　　我的一个观点是，大模型现在还有很多不足，还有很多缺点，它不是万能的，所以不要高估大模型现在的能力。但是大模型这一次确实突破了真智能的拐点，未来会有指数级的发展速度，因此不要低估大模型未来的潜力。

不要高估大模型现在的能力，
也不要低估大模型未来的潜力。

1.2　大模型理解了人类语言，是真智能

　　为什么说大模型是真智能，而像原来下国际象棋的"深蓝"和下围棋的 AlphaGo 都不算 AI 的重大突破呢？请注意，这次大模型最核心的突破是它

通过海量知识的输入，产生了对人类语言比较完整的理解。理解人类语言是"真"AI 的基础。

为什么这么说呢？因为人类跟动物不太一样，人类发明了语言，人类是用语言来描述这个世界的，人类的知识也是被编码在语言之中的。路德维希·维特根斯坦（Ludwig Wittgenstein）是 20 世纪最重要的哲学家之一，他的名言"语言的边界就是思想的边界"，反映了他对语言与思维关系的深刻理解。维特根斯坦在他的早期著作《逻辑哲学论》中提出，语言是现实的映射，只有那些可以被语言表达的事物才是可以被思考和理解的。他认为，语言的结构决定了我们能够思考的内容。他的这句话说白了，就是"凡是我不能说出来的，我都很难想象"。特别是人类的逻辑推理，包括这个世界的模型、人类的整个知识体系都是用语言来描述的。

传统的 AI，包括以前的各种人脸识别技术，还有早期的 AI 程序，就不能理解人类语言。因为不能理解人类的语言和知识，所以我们随口说的话，它们就理解不了，导致它们给人留下"假智能"的印象。比如我说："我某天做了一次人工智能的分享。"这句话每个人都能听懂是什么意思，因为每个词背后的意思你都是清楚的。如果我们不理解这些词背后的意思，那对这句话的理解也就无从谈起。所以大模型最重要的突破，我觉得就是它理解了人类语言。

> **大模型最重要的突破是理解了人类语言，
> 进而理解了人类世界的知识。**

1.3　大模型是暴力美学新典范

理解人类语言的大模型到底是怎么做出来的呢？可能有人是知道的，我把这个过程称为"暴力美学"。实际上，大模型背后的深度学习架构叫Transformer，这个架构是谷歌发明的。2017 年，谷歌的 8 名科学家共同写了一篇论文"Attention Is All You Need"。但是谷歌没把这篇论文当回事儿，整个行业其实也没把它当回事儿。在国内，包括 360、字节跳动、百度、阿里、腾讯在内的公司，很早就在用 Transformer。我们用它来干什么呢？用来提高广告点击率，提高推荐内容的相关度。但是，OpenAI 就有人想：如果把人类的知识都训练到模型里会产生什么效果？谁也没想到，把如此大量的知识训练进去之后，模型就产生了奇迹般的涌现现象，居然真把智能给跑出来了。

我们知道，大模型训练有一个叫规模法则的概念，它指的是在 AI 模型训练过程中，模型性能与模型规模（如数据量、参数量等）之间存在一定的关系。OpenAI 在模型训练过程中发现，对于 Transformer 以外的其他神经网络模型，例如用于人脸识别的传统卷积神经网络模型，当数据量和参数规模增大到一定程度时，会面临训练效率急剧下降、过拟合严重或者受限于硬件资源（如内存不足）而无法继续训练等问题。相比之下，Transformer 在处理大规模参数方面具有显著优势，能够在更大规模的数据和参数下进行训练。也就是说，在具备足够算力、电力和数据的条件下，Transformer 模型更易于扩大模型规模。这主要是因为 Transformer 模型在工程上更契合规模法则效应。Transformer 模型中的自注意力机制能够并行处理序列中的各个元素，使其在处理长序列数据时具有更高的效率。这一特性使它在面对大规模数据和参数时，相比其他模型更具优势，能够在大参数、大算力和大数据的条件下，实现从量变到质变的跨越。

> **规模法则效应，即在大参数、**
> **大算力、大数据的共同作用下，**
> **从量变产生了质变。**

如图 1-2 所示，这里面就出现了三个规模法则：训练计算量的规模法则、训练数据量的规模法则和训练参数量的规模法则。这就是为什么过去几年里，随着参数量越来越大，训练数据越来越多，大模型的能力仍在不断提升。不过，后来大家又发现，做小参数大模型的时候，模型的参数量不一定很大，但是知识必须越来越纯，或者说知识的密度必须越来越高。也就是说，在同等模型参数量、同等计算资源量的前提下，知识密度、知识质量是训练大模型的关键因素。

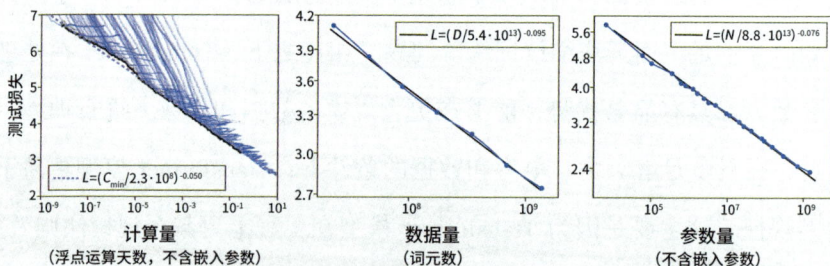

图 1-2　大模型的突破本质上是 Transformer 模型将规模法则发挥到极致

但是这三个规模法则最近碰到了什么问题呢？第一，人类的知识快用完了；第二，算力成为瓶颈。大家如果看过 Meta（原 Facebook 公司）发布的 Llama 大模型的训练报告可能知道，Meta 搭建了一个万卡训练集群。训练期间，大概每天都要换好几块坏卡，每天都要中断好几次，每次都要由人工去调整。大家想象一下，如果是一个十万卡的集群，那么大概每半小时就要进行一次坏卡的调整，算力瓶颈由此就出现了。基于这个观察，OpenAI 开始在强化学习上下功夫，结果又找到了新的规模法则，就是所谓推理时规模法则。就像下围棋的 AlphaGo 可以自己跟自己对弈一样，大模型通过自己给自己出题，自己给自己回答问题，实现"左右互搏"，通过自我产生数据、自我博弈训练，提升模型自身的能力。关于这个突破，我们在第 2 章还会详细介绍。

1.4　大模型训练与人脑学习原理相似

了解了让大模型性能突飞猛进的规模法则是怎么回事之后，我们更进一步，再来看看大模型的训练过程到底是什么样的。

大模型训练的第一个步骤叫预训练。什么是预训练呢？可以把预训练比喻成我们人类看书，所谓"读书百遍，其义自见"。只不过我们人类看书看得还是太少，大模型预训练的数据据估算大概相当于 1000 万本到 5000 万本书。这些书都是用人类语言描述的知识，大模型把这么多知识全部读进去，读的过程中不断加深对人类知识和世界的理解。这里要注意，大模型并不是把训练的数据保存起来，而是会消化理解，后面我们还会讲到这一点。

大模型训练的第二个步骤叫微调。什么是微调呢？大模型读了这么多书之后不一定会用，就像我们上完课之后，老师还要给我们布置作业、分析例题，通过作业和例题让我们都具备举一反三的能力。这个学习之后做例题的过程，在大模型这里就叫微调。微调让大模型能够遵从人的指令，完成人类交给它的任务。

大模型训练的第三个步骤叫对齐。什么是对齐呢？就是在大模型的能力很强了之后，让它有道德感，让它的输出符合人类的道德约束。比如，不能让大模型教给坏人怎么做炸弹，怎么写诈骗邮件，总之就是不能教唆人去干坏事。这个让大模型接受人类道德、公序良俗约束的过程，就是对齐。

经过上面这三步之后，我们跟大模型交流的时候，要使用所谓 Prompt，就是提示词，来向大模型提问。思考和回答人类问题这一步，对大模型来说就叫推理，类似于人类思考。我们用提示词（人类的语言）向大模型提出问题，大模型经过推理或者思考之后，给出回答。这个给出回答的过程也叫内容生成。这也是这一代大模型技术叫 GPT（Generative Pre-trained Transformer，生成式预训练 Transformer）的原因。

图 1-3 展示了大模型的训练和推理过程与人类学习过程的类比。虽然整个类比可能有点儿牵强，但是这样形象地理解更直观、更容易。

说到人类学习，我想在这里多说一点，即学习确实是"反人性"的。我们在学习的时候脑子会疼，会犯困，有个成语不是叫"绞尽脑汁"吗？这个成语就是用来形容我们苦思冥想、想尽办法地去思考和理解一件事情的。这一点在科学上已经证明了。我们学习的过程并不是把知识简单地记忆下来，不是死记硬背，而是必须反复推敲、加深理解，然后把掌握知识和灵活运用知识背后的举一反三的能力沉淀下来。这就是我们人类的学习模式，需要花费大量的脑力。而对大模型来说，它的训练过程需要消耗大量的算力。

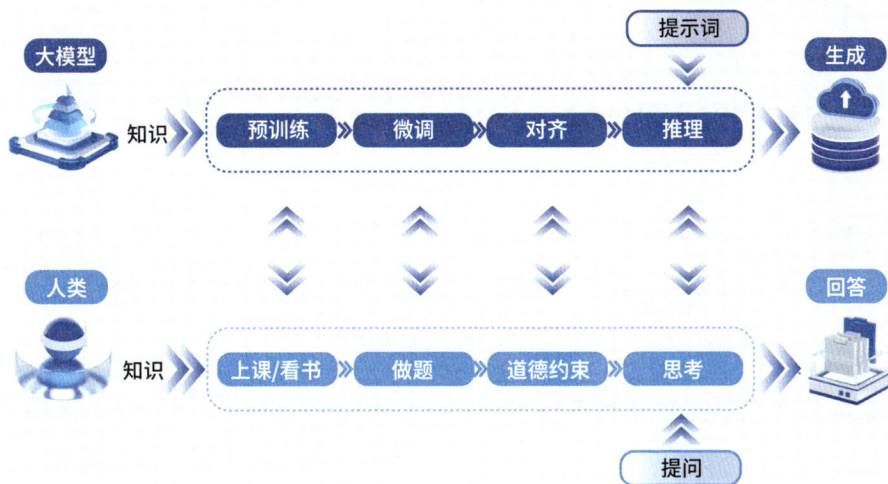

图 1-3　大模型训练和推理过程与人类学习过程相似

说到这，我们就可以理解为什么大模型在训练的时候这么耗电、这么耗 GPU 了。本质上，训练大模型不是把知识从外部复制到计算机上这样一个简单的过程，而是一个像人类看书、学习、理解、做题、思考这样一个复杂的过程。我们知道，深度学习之父杰弗里·欣顿（Geoffrey Hinton）因为"基于人工神经网络实现机器学习的基础性发现和发明"获得了 2024 年诺贝尔物理学奖。欣顿原来是一位认知心理学家和计算机科学家，他一直致力于探索大脑的工作机制，并试图在计算机上复制这些原理。他提出了深度学习神经网络这个模型，试图模拟大脑中神经元之间的连接和信号传递过程，也就是参考了人类大脑的工作原理。但是，人类大脑的运转是比较高效的，而现在大模型能力虽然强，效率却很低，或者说能耗很高，因为它是在用软件模拟人类大脑的运作过程。

1.5　什么是模型参数

理解了大模型的训练过程，下面我们来深入介绍一下大模型的内部原理。我们在提到大模型时，都会讲到模型参数。参数这个概念听起来特别专业，其实我只要简单解释一下，大家就比较容易理解了。

模型的参数，如果用术语来讲，应该叫模型的权重（weight）和偏置（bias），权重表示输入对输出的影响，偏置用于调整神经元的激活阈值。这两个术语，可以简单地理解为神经网络中神经元之间的连接强度，如图 1-4 所示。研究表明，人类大脑中约有 860 亿个神经元，这些神经元之间可能有 1000 万亿个连接。也就是说，不同的神经元之间可能会有几千个不同的连接。这些神经元之间的连接让人脑成为一个复杂的神经网络。可以认为这些连接就等同于大模型的参数，而连接的强度就代表权重的大小。

人类当年从猿进化到人的过程中之所以产生了智能，不光是因为大脑的神经元增多了，或者说负责存储和计算的单元增多了，更重要的是，这些神经元互相之间增加了很多连接，正是这些连接构成的复杂神经网络使人类产生了智能。这一点也得到了神经科学和进化生物学的支持。人类在进化过程中，随着大脑容量的增大和神经元之间连接的增加，智力得到了显著提升。

而人脑学习过程就是不断地优化和改变神经元之间连接强度的过程。

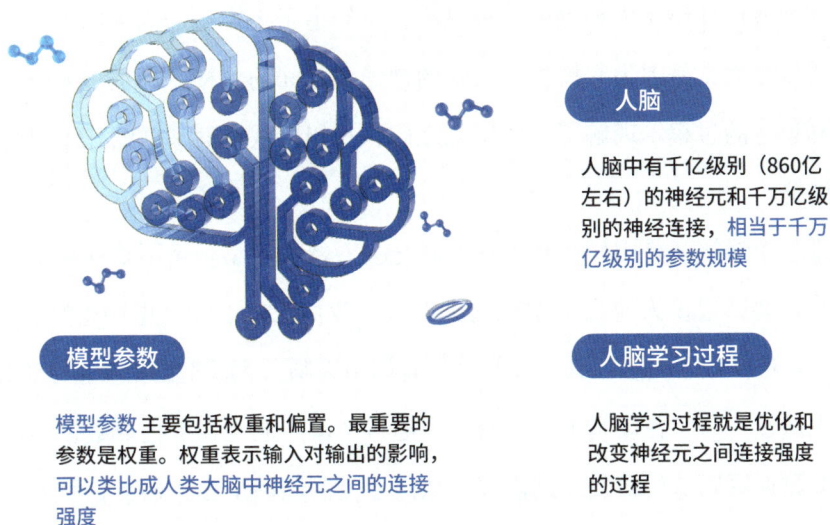

人脑

人脑中有千亿级别（860亿左右）的神经元和千万亿级别的神经连接，相当于千万亿级别的参数规模

模型参数

模型参数主要包括权重和偏置。最重要的参数是权重。权重表示输入对输出的影响，可以类比成人类大脑中神经元之间的连接强度

人脑学习过程

人脑学习过程就是优化和改变神经元之间连接强度的过程

图 1-4　模型的参数可以类比成人类大脑中神经元之间的连接强度

举个简单的例子，你说把某件事情给忘了，可以理解为是相关的神经元之间的连接减弱或断掉了。再比如说，今天你看完本书之后，你在大脑里就有了大模型这样一个概念。之后大模型和 AI、大模型和周鸿祎，或者大模型和新质生产力这些概念之间就建立了新的连接。下次当有人再提到这些概念的时候，你的大脑就会联想到相关的概念。

回到大模型的参数，基本上可以认为参数量越大，就意味着模型的"人工神经元"之间的连接越多，就表示大模型的能力水平越高。

1.6   不要用硬盘和内存的眼光去看待大模型

前面我们介绍了大模型的训练过程，也知道了大模型的内部原理。大模型之所以强大，是因为它模拟了人脑的神经元之间的连接，模拟了人类大脑学习和思考的过程。理解了这些概念之后，我们再从反面来介绍几个对大模型的误解。

第一个误解就是用硬盘和内存的眼光去看待大模型。请不要这样做。这一点很重要，很多人对大模型有这个误解。我们原来总说"电脑电脑"，好像是计算机模拟了人脑。其实计算机没有模拟人脑，大模型倒是模拟了人脑。计算机通过"写"在硬盘上存储数据，通过"读"从硬盘上提取数据。计算机上的数据可以从硬盘复制到内存，从内存复制到网络服务器上，而大模型的训练和推理过程绝非如此简单。

如图 1-5 所示，我们一定不要用硬盘和内存的眼光去看待大模型。我们把一本书拷到内存里、拷到硬盘上，是不会耗费多大算力的，而且速度也很快。但这个过程中间没有任何信息的学习发生，没有任何信息的改变，就是简单的数据复制、搬运。大模型的训练过程并不是一个数据复制过程，而是对知识、对数据里的任意两个词和两个词之间的关系进行学习和思考的过程。大模型通过学习和思考在不同词之间建立连接，再通过不断学习、反复调整来强化或者弱化其中的某些连接，最终反映在参数的改变上。

换句话说，大模型训练不是一个数据写入的过程，而是通过对知识的深度学习，改变"神经元"之间的连接强度（权重）的过程。

- 通过"写"来存储数据，通过"读"来提取数据
- 数据可以复制

- 大模型训练不是一个数据写入的过程，而是通过对知识的深度学习，改变"神经元"之间的连接强度（权重）的过程。该过程类似人脑的学习过程（学习是个"烧脑"的过程）
- 大模型的参数可以直接被复制或蒸馏给另一个大模型。这是人脑无法做到的

图 1-5　不要用硬盘和内存的眼光去看待大模型

　　说到这里，不得不提有些学生家长对 AI 的误解。有些家长会想，到了 AI 时代，小孩子还需要学习吗？还需要做题吗？小孩子有了 AI，什么都知道，是不是将来就不用上学了？这些问题反映了这些家长对学习或者说对 AI 的误解。

　　我们说过，我们的学习，比如说我们学习解数学题的过程，会让我们的大脑产生很多新的神经元连接，这样大脑才能建立起来对数学问题进行分析和解决问题的能力。如果没有这个学习过程，人脑是不会产生神经元之间的连接的。很多人在上大学的时候学过高等数学，你说高等数学有什么用吗？

表面看起来它没什么用，因为上街买菜不需要用到高等数学。但是学高等数学的过程是对我们的大脑进行重塑的过程，这个过程帮我们建立了分析问题、处理问题的能力，所以学习的过程是非常重要的。

还有一个类似的误解：很多人以为有了脑机接口就可以不用学习了。什么是脑机接口呢？简单说，脑机接口就是在人或动物的大脑与外部设备之间建立的直接连接通路，分单向脑机接口和双向脑机接口。单向脑机接口，就是要么外部设备接收大脑传来的信号，要么外部设备发送信号到大脑，但不能同时发送和接收信号。双向脑机接口则允许大脑和外部设备之间的双向信息交换。那么就有人问了：有了脑机接口之后，是不是可以把我不会的知识传送到我的大脑里，或者把我大脑里已有的知识下载下来？其实，如果你了解大脑和大模型的工作原理，就会知道这是不可能的。因为人类大脑里面有上千万亿个神经网络连接，是这些连接构成了我们大脑里的知识和思维，而这些连接是很难复制下来的，所以通过脑机接口来下载人脑中的知识至少现在看来是不可能的。

也正因为如此，我们人类的知识传承才特别困难。比如有一名老技术专家去世了，他的经验和能力很大程度上也就随之消失了。如果我们想传承老专家的知识和技能，就算跟着他学 30 年、50 年，最终也未必能把他的能力全部学过来。但是，大模型的参数可以直接被复制或蒸馏给另一个大模型，这是人脑目前无法做到的，应该说也是大模型比人脑先进的地方。

通过脑机接口来上传或下载人脑的知识
目前还是不可行的。

1.7　大模型不是对数据和知识的压缩

对大模型的第二个误解，就是认为大模型是对数据和知识的压缩。事实上，大模型既不是数据存储，也不是知识压缩。如果从压缩的角度看，大模型对数据和知识的压缩率可达千分之一甚至万分之一，而目前没有任何压缩算法可以达到这个压缩率。

如图 1-6 所示，我们可以拿 100 TB 的数据训练大模型，而训练出来的大模型可能只有 100 GB。为什么会这么小呢？这是因为，大模型本身并不是把训练时用到的知识存起来，而是把这些知识背后的联系、逻辑关系记下来。这些关系才是大模型推理能力的基础。换句话说，大模型记下来的是知识背后举一反三的能力。

大模型掌握了知识的范式和推理

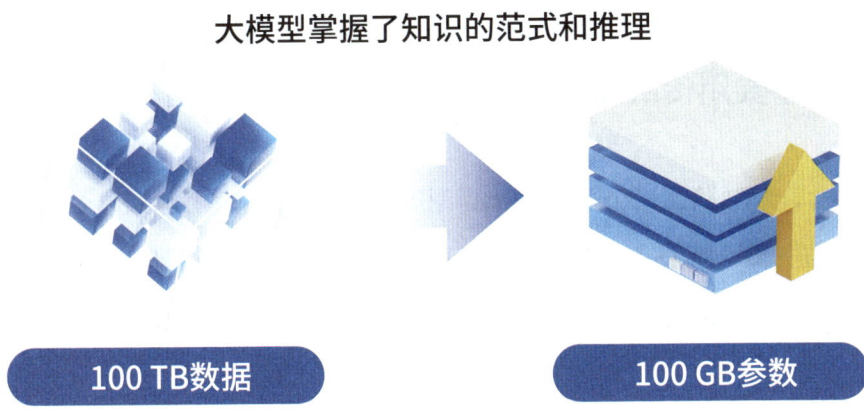

100 TB数据　　　　　100 GB参数

大模型的知识压缩率可达千分之一，没有任何压缩算法可以做到
类比：人类做题并不是为了记住所有的题，而是为了学会解答类似的题

图 1-6　大模型不是对数据和知识的压缩

还是通过具体的例子更容易理解。比如每年高考的话题很热，大家在参加高考之前肯定都做过卷子。如果我今天问你，你还记得高二或高三的时候做过的某一张卷子吗？你肯定不记得，就是说那张卷子本身并没有存储在你的大脑里。但是我现在找一道题来给你做，如果你当年做卷子做得足够多，这道题你还是能做出来的。这说明什么？说明你脑子里记下的是知识背后解题的方法。

通过这个例子，我们就可以理解，大模型也获得了像人类一样的举一反三的能力，这是最重要的。不能把大模型看成硬盘、内存或一台超级计算机，也不能把它看成一个知识数据库。

人类做题并不是为了记住所有的题，而是为了学会解答类似的题。

1.8   不要用传统搜索引擎的眼光去看待大模型

对大模型的第三个误解是把大模型等同于搜索引擎。搜索引擎是一种帮助用户在互联网上搜索信息的计算机程序。搜索引擎的目标是检索，而检索就像海绵，"吸进去的是水，挤出来的还是水"。因此，对于事实性的答案，搜索引擎比大模型表现得好。比如你问："梅西在 2022 年世界杯上一共进了几个球？"对于这个问题，搜索引擎能搜到事实性的答案。而如果拿这个问题去问大模型，大模型可能会胡说八道。于是很多人可能就会说，你看，大模型还不如搜索引擎聪明。

　　这个观点其实是不对的。我们刚才讲了，大模型并不会"死记硬背"人们给它的知识；把所有的知识都复制到一起以便检索的不是大模型，而是搜索引擎。大模型是把数据背后的知识进行了重组，从而获得了举一反三的能力。所以，我们可以让大模型评价一下："梅西和马拉多纳的踢球风格有什么不一样？"对于这个问题，大模型能够给你写出来一篇文章。如图 1-7 所示，搜索引擎和大模型的能力是截然不同的。

搜索引擎 — 检索

大模型 — 生成

原理：
检索的原理就像海绵吸水一样，吸进去的是水，挤出来的还是水。搜索引擎针对的是"事实性"答案

原理：
知识训练进去之后，大模型学到了知识背后的范式，可以推理、重组、变化

举例：
梅西在2022年世界杯上进了几个球？

举例：
如何评价梅西的踢球风格？

图 1-7　不要用传统搜索引擎的眼光去看待大模型

　　再举一个例子，古话说，"熟读唐诗三百首，不会作诗也会吟"。如果我们给搜索引擎一万首诗，它能准确地检索出或者说背出其中每一首诗，但它

永远不会写出一首新诗。但是对大模型来说，如果你真的训练它作诗，给了它一万首诗作为例子，虽然大模型不一定记得这一万首诗本身，但是在学习了一万首诗之后，它能写出新诗。这个能力是搜索引擎不具备的。

> **大模型学知识就像人类学唐诗，未必能背出每一首，但可能会写诗。**

第一次用大模型，我就很感慨。我对它说："用文言文写一篇介绍周鸿祎的文章。"它居然真拿文言文写了一篇挺像那么回事的文章。但是，如果你让它背《古文观止》里的某一篇文章，那么它未必背得出来。说到这里，我们也可以归纳一下人类的两种学习方式：有的人学习靠死记硬背，就相当于搜索引擎，都能给你背出来，但是不会活学活用；而另一种学习方式，就是像大模型一样，能够把学习的知识都消化理解，然后能够活学活用。

1.9　体现大模型具有真智能的四个现象

我们再来介绍关于大模型的四个现象。这四个现象可能比较难以解释，但是能够证明大模型拥有真智能。

第一个现象叫涌现。所谓涌现，就是说在参数规模和数据质量都在提升的情况下，大模型的能力会突然超出设计者的期望。比如说，大模型能达到现在的性能水平，可能是当年 OpenAI 自己都没有想到的。我自己感觉这就有点儿像人类在进化过程中，不知道在什么时候突然出现了超越寻常的智力跃升。比如，脑容量达到了一定的规模，同时从外部获取的信息量也达到了一定的规模，就出现了智力跃升。

第二个现象叫幻觉。幻觉是大模型被争论最多的一个缺点或者叫特点，意思是大模型经常会胡说八道，而且是一本正经地胡说八道。我们有时也管这个现象叫杜撰。幻觉之所以被认为是缺点，就是因为这个现象在某些情况下是无法被接受的。比如说在法律、医学、金融领域等不能出错的地方，如果大模型给你胡说八道，那就是非常严重的问题。美国就出现过一个案例，一名律师用大模型写诉状、写材料，大模型给他杜撰了一条在美国不存在的法律。这名律师没有查就引用了，结果因为"放弃了自己应尽的责任"而受到了处罚。

有人可能会问：能不能把大模型的幻觉能力去掉呢？我们发现，大模型的幻觉能力是与生俱来的。这一点跟人也很像，《人类简史》这本书大致讲过，说人类具备一种能力，代表着人与动物巨大的区别，就是人类能够描绘还没有发生的事情。正因为有了这种能力，人类才有了宗教，才有了社团，才有了群体，才有了社会。我经常开玩笑说，每个开公司的老板都要具备这种能力，这样才能跟员工许诺说好好干，干好了会怎么样。实际上人类也是把很多原来不相关的事物联系在一起，然后才产生了创新。

我认为大模型的幻觉现象恰恰证明了它拥有真智能，但是要看在什么时候用。

第三个现象叫能力迁移。包括 OpenAI 在内的国外大模型公司在训练大模型时用的中文语料比例一般都非常低，大部分都是英文和其他语言的语料，但是他们的大模型训练结果表明，能力可以跨语言迁移。也就是说，大模型不像搜索引擎那样，中文搜索引擎全部用中文的语料，中文的搜索结果就特别好，其他语言的搜索结果就很差。这种现象表明，大模型背后的能力可能与语言本身并非直接相关。我推测，尽管人类语言在文字和语法上存在差异，但作为人类智慧的产物，它们背后可能存在一些共通的规律。这些规律可能已经被大模型在某种程度上识别出来，而我们人类对这些规律的理解可能还不够深入。

第四个现象叫逻辑增强。大家希望大模型学会编程，事实上它确实学会了编程。但大模型学会编程之后，又多了一个副产品：凡是学过编程的大模型在用自然语言跟人交流、写文章的时候逻辑感都特别强。这就是为什么大家今天看大模型回答问题都用"一二三四五"，或者"因为……所以……"，非常有逻辑性。也有一些家长问我，都到 AI 时代了，小孩子还要学编程吗？我说，就算你的小孩儿将来不干程序员，学编程也是必要的，因为学习编程是一个对他的大脑逻辑能力的塑造过程。

我们把关于大模型的这四个现象放到图 1-8 中展示了出来。说到这里，我自己感慨一下，为什么我要做这方面的科普呢？我觉得很多人对大模型产生了上面所说的种种误解，这个问题其实挺严重的。很多人以为有了大模型之后，人类就什么也不用干了，既不用看书，也不用学习，更不用学编程了。事实上，人类的所有学习过程不一定都是为了直接获得知识，而是要通过对知识的理解使人的大脑神经网络变得更加复杂，从而能够解决、应对复杂问题。如果人类真的因为有了大模型就什么都不学习了，那人的大脑里的神经元连接就会变少。只有真的到了那个时候，我觉得人类才有可能被大模型所奴役。

涌现	幻觉	能力迁移	逻辑增强
大模型在处理复杂任务时能够表现出超越其单件组件之和的能力(1+1>2)	大模型面对某些特定输入，会生成与事实不符的输出(杜撰)	预训练模型在某任务上学到的能力，可通过微调等手段，迁移到新任务上，从而适应新场景，如不同语言之间的迁移能力	大模型可以学习到逻辑推理的能力，并将其应用于解决复杂的问题。例如将代码训练进大模型后，模型的逻辑推理能力大幅增强

图 1-8　体现大模型具有真智能的四个现象

大模型的四个现象比较难以解释，
但是能够证明它具有真智能。

第 2 章

o1 逻辑推理能力大幅增强，DeepSeek 颠覆式创新改写 AI 发展格局

2.1　OpenAI 发布 o1 大模型，拥有逆天推理能力

一直以来，硅谷关于 OpenAI 的 GPT-5 有许多传言。后来有人说，OpenAI 正在开发一个代号叫"草莓"（strawberry）的系统，说得很神秘，有人说是吹牛，有人说它可以达到 AGI（通用人工智能）水平。2024 年 9 月，OpenAI 突然发布了新的模型，这个模型既不叫 GPT-5，也不叫"草莓"，而叫 o1。然后，业内很多人高呼：AGI 终于来了，AI 迈入了又一个新时代。我大概看了网上的一些论文和资料，最大的感受是，过去的大模型技术演进方向是建立在大参数、大数据、大算力的预训练时规模法则基础之上的，而 o1 的出现表明，AI 找到了新的突破方向，也为下一阶段的进步和应用开辟了巨大的空间。

o1 最强悍的能力就是推理，在科学、数学、编程方面的成绩遥遥领先，远远超越了 GPT-4o。

举个例子，为了评估 o1 的数学能力，OpenAI 用 AIME（American Invitational Mathematics Examination，美国数学邀请赛），也就是差不多相当于美国高中最高级别的数学竞赛的题目，来作为测试标准。在 2024 年的测试中，GPT-4o 只得了约 13 分，而 o1 的最高成绩达到了约 83 分。这就意味着，如果 o1 是一名高中生，那么他能够入围美国数学奥林匹克竞赛。在编程能力方面，经过 Codeforces 竞赛平台的评估，o1 的表现超过了 89% 的真人参赛者。Codeforces 是一个全球知名的在线编程竞赛平台，它为计算机编程爱好者提供了一个在线评测系统，支持各种难度的算法挑战。在生物、化学、物理的基准测试中，GPT-4o 的得分大概是 56 分，人类专家的得分大概是 70 分，

o1 则达到了 78 分，超过了人类专家的水平。图 2-1 展示了 o1 在这些方面强大的推理能力。

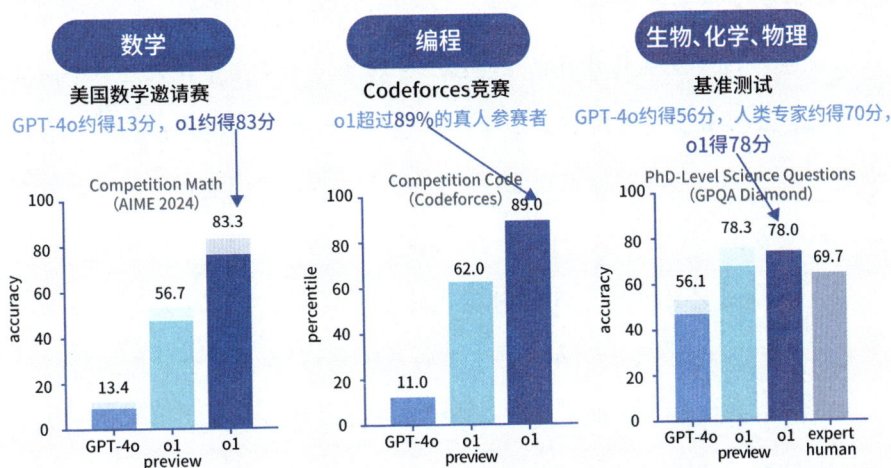

图 2-1　o1 堪比人类专业博士生，在数学、编程、生物、化学、物理等方面的能力远超 GPT-4o

（图表来源：OpenAI 官网）

　　看到这些成绩，我们不禁感叹：当初 GPT-4o 已经挺棒了，而 o1 又一下子达到了人类专业博士生的水平。这说明这个新模型代表了 AI 能力的一次重大飞跃，特别是在复杂推理任务方面有了巨大的提升。正是基于这样一个突破，OpenAI 决定不把它命名为 GPT-5，而是叫它 o1，可以理解为，它是 OpenAI 的"一号模型"，也就是具有开创性意义的一个模型。

　　下面我们通过一个视频来了解一下 o1 强悍的推理能力。

视频展示　o1 拥有逆天推理能力

▶ 视频 2-1　o1 推理能力展示

扫码看视频

视频文字版

输入这道复杂的逻辑推理题：公主的年龄等于王子在未来某个时候的年龄，届时公主的年龄将是王子过去某个时候年龄的两倍；而在过去那个时候，公主的年龄是他们现在年龄总和的一半。问公主和王子现在各自的年龄是多少？请提供这个问题的所有解。

o1 通过定义变量、理解问题、解决方程等步骤的思索后，给出了正确答案：公主的年龄为 $8n$ 岁，王子的年龄为 $6n$ 岁，其中 n 为正整数。

再来看这个密码推理题：同学们在户外探险时发现了一个百宝箱，箱子上写着："从 4957283980 中划去三个数字，使剩下的七个数字重新排列后，组成一个最小的七位数，这个七位数就是开锁的密码。"这个密码是什么？

o1 先是按照推理步骤给出了这串数字组成的最小的七位数，随后确定首位数字后，从小到大排列，给出了正确答案：2034578。

很多人好奇：o1 为什么会有这么巨大的能力提升呢？ o1 背后的技术很复杂，我们简单通俗地解释一下。实际上，o1 利用了一种叫"思维链"（Chain of Thought，CoT）的技术来处理复杂的任务。什么叫思维链呢？思维链是一种模仿人类思维的模式。人类在面对复杂问题的时候，不可能一下子就心算出答案，而是要通过一步一步地推理，把一个大问题分解成几个小问题，分别解决每个小问题，最终解决复杂问题。想象一下，我们在上中学的时候解一道复杂的物理题，回答一道复杂的论述题，或者是编写一个比较复杂的程序，这些任务都不可能一蹴而就，而是需要把问题先分解成更容易处理的子问题，各个击破，最终完成复杂任务。

o1 有两个关键的能力：第一就是前面说的，它可以把复杂问题分解为简单问题；第二是在发现解决当前问题的方法无效的时候，o1 可以知道自己错了，然后转换思路，再找一个新的解决方法。这样就形成了一种多层次、多步骤、自适应的推理过程，使得它在解决复杂的科学问题的时候，几乎可以跟人类的灵活性和创造性媲美。

不仅如此，o1 有了思维链能力之后，可以把解答问题的思维过程写出来。这样，人类就可以了解 AI 是怎么思考的，从而大幅提升 AI 的安全性。比如，AI 会不会侵害人类？要探究这个问题，其实可以用 o1 生成的思维链来检测一下它到底是怎么思考的。当然，考虑到防范竞争对手抄袭等原因，o1 目前只对用户提供思维链的摘要。过去我们总说 AI 是个"黑盒子"，即它给出一个结论，到底可不可信，我们没法解释。现在通过思维链就能够解释了。以上这几点，就说明了 o1 相较 GPT-4o 有着本质性的提升。

可以说，o1 在 AI 通向超级人工智能的道路上迈出了坚实的一步。那么，o1 是如何获得这种思维链能力的呢？简单地说，就是 OpenAI 用了一种强化学习的训练方法，这种训练方法叫 Self-play，也就是"自我博弈"，全称叫作"自我博弈强化学习"。这到底是什么意思呢？"自我博弈"可以理解为在训练过程中，让大模型自己给自己出题，在得到人类的反馈之后，对模型进行训练，然后再自我出题。通过这样反复训练，大模型学会了如何完善自己的思维过程，学会了尝试不同的策略，并且能够认识到自己的错误，从而更换不同的策略，于是在回答问题的时候就能够一步一步地找到正确的答案。

上述过程听起来是不是有些熟悉？没错，它有点儿像当年谷歌 DeepMind 团队开发的那个下围棋的 AlphaGo。AlphaGo 就用了类似的强化学习方法，等发展到 AlphaZero 的时候，模型已经可以自己跟自己"左右互搏"，也就是可以跟自己下棋了。可以想象一下，刚开始的时候，AlphaZero 可能下棋水平很差，但是通过尝试不同的走法，观察每一步棋的结果，它慢慢地就会发现哪些策略是对的，把这些策略记下来，哪些走法不行、会输，于是就会把这些走法抛弃。它像这样一天能跟自己下上千万局棋，所以下棋能力就实现了飞跃。

总结一下，o1 不是像以往的大模型那样直接用文本内容来进行训练，而是用自己和自己"对弈"的方式，也就是像自己和自己下棋一样，通过强化学习获得了思维链能力。

2.2　o1 利用思维链技术，赋予模型慢思考能力

思维链能力之所以强大，就是因为它赋予了模型"慢思考"的能力。我们在做 360 大模型的时候已经发现了，大模型应该有慢思考和快思考两种能力。这个观点很重要，大家一定要记住。其实，我们人类有两种思考系统，一种叫"系统 1"，擅长快思考，特点是快速、自动、直觉、无意识。比如说你问我："现在饿不饿？""2 加 2 等于几？"对于这样的问题，我几乎不用思考，马上就能脱口而出回答你。或者有的时候我们看到某个人的笑脸，就知道

对方心情应该不错，这也是快思考的结果。还有，我们在开车的时候遇到危险会本能地做出反应，踩下刹车。这些都是快思考能力，或者说是"系统 1"发挥作用的例子。

快思考能力是人类用来应对危险、应付简单情况的一种能力，人在这种能力支配下的反应很快，但是缺点也很明显，那就是处理问题的能力不够强。GPT-4 之前的大模型，通过大量的知识训练，主要学到的是快思考能力。为什么我们跟 GPT 那样的大模型交流的时候，它们脱口而出的答案有的时候好，有的时候不好呢？其实，稍微想一想，我们人也是这样的：一个真人，即使这个人再有才华，如果让他写文章的时候不能修改，必须一气呵成，那他写出的文章的质量肯定也是不稳定的。

实际上，人类在解决复杂问题的时候，真正依赖的是第二种系统，即"系统 2"。"系统 2"比较擅长慢思考，特点是费时间、要努力、有意识、有逻辑性、需要分很多步骤。比如写一篇复杂的文章，需要先列个提纲，然后根据提纲去搜集数据和素材，接着根据素材进行讨论，最后把文章写出来，再进行润色，或者再请朋友帮助改一改，才能定稿。人类的这种慢思考能力是非常强的能力，但它需要很多步骤，消耗很多脑力，花费较长时间。

AI 要通向超级人工智能，不能光有快思考能力，还要有慢思考能力。这一次 o1 迈出了坚实的一步，拥有了人类慢思考的特质，它在回答问题前会反复思考、拆解、推理，而且发现不对会重来，然后才会给出最终的答案。总之，这种慢思考能力就是通过使用强化学习来训练模型，从而更好地利用思维链而得来的。

图 2-2 展示了大模型已经具备了人类的快思考能力和慢思考能力。关于快思考能力和慢思考能力，我们在做大模型的时候就已经感觉到了。为什么大模型需要有智能体框架呢？其实就是要赋予大模型慢思考能力。如果把大模型都做成聊天机器人，希望问一个问题，它就能脱口而出，而且脱口而出的答案还是准确的，那恐怕永远不会有好的结果。但是，如果你问了大模型一个问题，它无论是借助 o1 这样的能力，还是借助智能体框架赋予的能力，都可以多次进行自我反思、自我校正、自我调整，最终给出一个令人满意的回答，那它的能力一定会提升得很快。

图 2-2　人类有快思考和慢思考两种能力，大模型现在已经都具备了

既然知道了 o1 利用思维链获得慢思考能力的背后是强化学习，那接下来我们就简单了解一下什么是强化学习。可能有读者知道，大模型是一种机器学习模型，而机器学习方法除了监督学习和无监督学习，还有一种叫作"强化学习"。强化学习是设定一个目标，让 AI 反复学习来接近该目标的方法。一开始，AI 会随机进行一些操作，然后根据结果获得奖励或惩罚，而判断依据就是操作的结果是更接近目标还是更远离目标。基于这种奖励或惩罚机制，

模型最后会选择更接近目标的方法。通过不断重复这个过程，模型就能慢慢接近甚至达到目标。

　　o1 的训练过程包括构建思维链训练集，对基座模型进行强化学习训练，得到推理模型，然后，使用推理模型生成思维链的合成数据，再使用这些合成数据对推理模型进一步进行强化学习训练。随着强化学习时间的增加，o1 的性能会不断提高。这样通过强化学习训练，o1 能够自己生成解题的思维链，并在奖励或惩罚机制的作用下，不断提高推理能力。与此同时，它还学会了将复杂的步骤分解为简单的步骤，以及在一个思考模式不起作用时，尝试切换不同思考模式解决问题。图 2-3 对比了 OpenAI 的强化学习训练方法与 360 构建模型慢思考能力的方法。

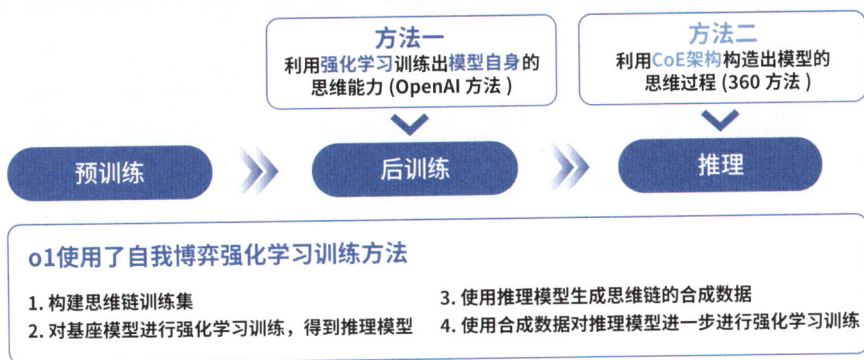

方法一
利用**强化学习**训练出模型自身的思维能力（OpenAI 方法）

方法二
利用 **CoE 架构**构造出模型的思维过程（360 方法）

预训练　　后训练　　推理

o1 使用了自我博弈强化学习训练方法

1. 构建思维链训练集
2. 对基座模型进行强化学习训练，得到推理模型
3. 使用推理模型生成思维链的合成数据
4. 使用合成数据对推理模型进一步进行强化学习训练

图 2-3　OpenAI 与 360 构建模型慢思考能力的方法比较

　　说到这里，360 其实很早就在行业里提出了一条利用智能体框架，结合大模型，打造慢思考模式的技术路线。现在看来，这一思路完全被 OpenAI 给

验证了。后来我们联合国内最强的大模型厂商，搞了一个大模型组团来应对GPT-4o，同时发布了CoE（Collaboration of Experts，专家协同）架构，即利用多个模型协作，构建慢思考能力。最后的效果超出这些厂商模型的平均能力，组团协作的整体能力在某些方面超越GPT-4o。举个例子，我们选了三个模型，第一个模型用来尝试回答问题，第二个模型用来对第一个模型的回答进行审视、反思、挑错，第三个模型则根据前两个模型的辩论，总结出最后的答案。虽然这是一个非常简单的协作模式，但是在效果上已经可以"秒杀"单个大模型直接回答问题的水平。为评价CoE架构的效果，我们出了一些测试题目，我们在这些题目上跟OpenAI的GPT-4o和o1打得有来有回，在很多问题上，我们还超越了GPT-4o，而这本质上也是借助了慢思考能力。

　　下面，我们通过一个短视频来感受一下慢思考能力通过多步推理来解决复杂问题的过程。

视频展示　**360AI 搜索首发上线慢思考模式，多步推理解决复杂难题**

▶ 视频 2-2　360 利用 CoE 架构构建慢思考能力的演示视频

扫码看视频

视频文字版

　　向 360AI 搜索（现为纳米 AI 搜索）提问：美国降息如何影响中国外卖价格？这个问题非常复杂，不仅需要有金融背景知识，了解中国外卖市场的现状，还需要具备全球视野。选择慢思考模式，360AI 搜索便会将复杂需求分解为多个简单需求，通过自主反思、自主纠错和调用多模型，为你说出更全面、更优质、更精准的答案。

360AI 搜索调用擅长 1 亿种意图识别的智脑 Pro 模型分析和拆解问题，形成慢思考思维链。

- 进行第一轮搜索，建立初步洞察。调用擅长逻辑推理的豆包大模型分析现有答案的不足。
- 进行第二轮搜索，继续调用豆包大模型对第二轮搜索到的相关资料再次进行阅读、总结和反思。
- 进行第三轮搜索，进一步完善对问题的理解，优化思维链。对第三轮搜索到的相关资料再次进行阅读、总结和反思，进一步丰富问题答案的细节。
- 进行第四轮搜索，判断第四轮搜索的信息能否全面且正确地回答问题。如果能，则进入第五步，总结输出；如果不能，则继续进行反思与搜索。

经过四轮思考和四轮搜索，360AI 搜索调用善于总结和写作的通义千问说出优质答案，比普通大模型"快思考式回答"多 40 倍的 token（词元）消耗。通过 15 步由浅入深的总结与反思，仅用 51 秒帮你快速理解一小时才能读完的信息。

360AI 搜索拥有了人类慢思考的特质，在回答问题前会反复地思考、拆解和推理，让三个大模型分别执行专家回答、反思深入、总结输出的角色，分工协作，多步推理，从而在处理复杂问题时能够给出更加准确和全面的答案。360AI 搜索还可以将答案总结为脑图，支持无限拓展，帮你建立完整的知识体系。

2.3　DeepSeek 颠覆式创新：技术创新

过去，GPT-4、GPT-4o、DeepSeek-V3 等优秀大模型，广义上都遵循着一种共同的模式，即使用大量文本数据进行预训练，再对模型进行微调，使模型展现出优秀的语言理解与表达能力。这种纯粹通过增大数据、模型参数规模来提升 AI 能力的方法逐渐遇到了瓶颈。DeepSeek-R1 之所以能够被称为 AI 发展史上的重要里程碑，就在于它突破了指令型大模型普遍遵循的规模法则的瓶颈。

回顾 AI 发展史，我们能清晰感受到一些重要的里程碑时刻。

首先是"Alpha Zero 时刻"。在 Alpha Go 时代，AI 通过监督学习的方式，以数十万盘人类高水平棋手对弈棋谱为数据进行训练。在走向"Alpha Zero 时刻"时，它彻底抛弃了人类棋谱，用纯粹的强化学习自我对弈，自我强化，自发学习策略，从而超越了人类认知极限。这一转变不仅在围棋领域引发震动，更为 AI 的发展开辟了新的学习范式。

其次是"ChatGPT 时刻"。ChatGPT 的 GPT 模型在大模型预训练时代，以海量的语料数据进行大规模预训练，让机器找到语言和知识之间的内在联系。这种方式催生了规模法则，使得大模型可以理解、生成复杂的人类语言内容，让机器知识水平和交互能力出现了新的跃升。

今天的"DeepSeek-R1 时刻"同样具有划时代意义。尽管 OpenAI 的 o1 也已经尝试采用强化学习等方法训练复杂推理能力，但相关的技术细节和实现机制并没有公开披露。从某种意义上讲，这种封闭和不透明的发展模式，会阻碍 AI 技术与应用的发展。

在主流 AI 企业以闭源构建护城河的环境下，DeepSeek-R1 选择了一条更加开放且富有创新性的强化学习路径。更为重要的是，DeepSeek 选择了与全世界共享其强化学习的技术细节。这种开放式技术创新，意味着全球范围内的开发者和研究者都可以复现、验证，并进一步优化和拓展这种强化学习技术。这不仅可以让 AI 技术更可控、更透明和更可信，同时也为未来 AI 的发展树立了开放共赢的标杆，深刻改变了全球 AI 产业的发展方向。

2.4　DeepSeek 颠覆式创新：体验创新

DeepSeek 在用户体验上实现了三件事。

一是更加理解用户需求，极大降低交互门槛。DeepSeek 通过技术弥合了机器与人的认知鸿沟，使得模型能够准确理解用户的意图与需求，让原本冗长的提示词得以简化。普通用户不需要专业知识或特殊训练，就能够与模型自然对话，轻松获得高质量的反馈。这大幅降低了 AI 的使用门槛，使得 AI 技术真正走进了普通人的生活与工作。

二是直接呈现思考过程，实现更加透明的人机交互。DeepSeek 将模型的"思维链"直接呈现给用户，用户可以直观地看到模型如何理解问题，如何思考、推理、决策。这种透明的用户体验，使用户感受到 DeepSeek 更像一个能够独立思考、有逻辑、有理解力的真人伙伴，而非一个冰冷、神秘的算法黑盒。

三是实时联网，融合搜索和推理能力。信息时代，数据的时效性至关重要。过去的 AI 语言模型往往受限于封闭的训练数据，缺乏时效性，无法有效满足当前热门话题的咨询需求。DeepSeek 通过引入实时联网搜索机制，实现

"搜索－推理"一体化，使得模型能够访问并处理最新的信息资源。这意味着在相同推理水平的前提下，DeepSeek 能够始终基于最新的实时信息，保障输出结果更具准确性、全面性和权威性，使 AI 使用的现实意义进一步提升。

2.5 DeepSeek 颠覆式创新：市场模式创新

DeepSeek-R1 凭借优秀的用户体验，在发布后仅仅 7 天内，就实现了用户规模突破 1 亿大关。这一里程碑式的成绩是在几乎零广告投入的背景下取得的。这不仅意味着 DeepSeek 在市场上的认知度与品牌价值极大提升，更重要的是它在中国用户、政府和企业中彻底普及了一次 AI。

如此大规模、高效率的大众化普及，让普通老百姓快速了解了 AI 的基本知识与应用场景。在 DeepSeek 的推动下，中国正逐渐成为全球 AI 普及率和渗透率最高的国家之一，这会对产业规模发展、人才培养与创新生态建设起到重要推动作用。

DeepSeek 掀起的全民 AI 普及浪潮，使得社会的各个层面广泛建立了对 AI 技术的正确认知。"认知决定行动"，随着认知的到位，普通人、政府决策者以及企业家都将更加主动地跟进 AI 发展，在工作、生活中逐步应用 AI，通过实际行动促进中国 AI 产业快速迭代与市场繁荣。

2.6 DeepSeek 颠覆式创新：生态模式创新

开源生态打破了传统 AI 研发由一家或者几家巨头闭门造车的局面，

DeepSeek 完全开源的路线，让全球范围内数百万开发者和技术人员可以自由参与到产品研发和优化中。DeepSeek 的核心开发团队只有约 200 人的规模，但在全球范围内可能有 200 万人在帮助他们改进产品。这种空前强大的"集智效应"是 AI 领域"集中力量办大事"的典范。

DeepSeek 的开源和成功，一定程度上改变了中国 AI 产业"百模大战"的态势。如今，大模型厂商不必再分别购置规模庞大的万卡级芯片集群进行重复而低效的建设，大量企业能够将业务直接部署在 DeepSeek 上，无须训练自己的基座模型，不用"重复造轮子"，这间接为我国在大模型发展上节省了巨大的算力开销。

更重要的是，DeepSeek 通过开源建立了一条从基础算力、云计算服务供应，到垂直行业具体应用，再到个人客户端全面部署的强大生态产业链。这一生态从上游芯片、云计算厂商到下游企业应用、个人用户市场，覆盖广泛，实现全球化布局，带来了前所未有的生态势能。凭借开源、本地化部署和免费可信的三重优势，DeepSeek 甚至无须做推广，就轻松地吸引了各国企业主动接入。全球主流云计算厂商纷纷为 DeepSeek 提供接口支持，反过来带动了更多上下游应用厂商构筑以 DeepSeek 为核心的生态系统。

通过开源，包括公开模型蒸馏及"模型制造模型"的方法，DeepSeek 使 AI 大模型研发门槛显著降低。政府与企业可以用适当规模的一体机或分布式算力环境，实现模型的本地化部署，不再需要频繁调用高成本的云计算，从而大幅降低云计算资源使用压力与总体成本开支。

对广大用户来说，DeepSeek 的开源，极大促进了大模型技术的平民化。从政府和大型企业推动行业数字化，到中小企业享受 AI 普惠，再到普通个人拥有国际领先的 AI 工具，DeepSeek 有效缩小了技术应用上的数字鸿沟，也让技术创新企业与创业者都能与巨头站在同一起跑线上，激发了创业和创新的热情。

中国企业主动分享成果，打破闭源垄断，推动人类 AI 事业进步，这不仅仅是一种竞争优势，更是一种"软实力"和"巧实力"的完美展现。通过"开放共赢"的生态战略，中国企业主动创造了一个协同的良性发展模式，最终将推动整个人类的科技进步。

第 3 章

从单模态到跨模态，
多模态技术快速迭代

3.1　Sora 最重要的突破是理解了物理世界

我们在第 1 章和第 2 章讲的主要是大语言模型，本章来讲一讲文生视频模型的进展。

2024 年 2 月，Sora 横空出世。Sora 是 OpenAI 推出的首个文生视频模型，它生成的视频让很多人惊叹不已。Sora 的主要创新在于，它能够通过简短的文本提示或静态图片生成长达 60 秒的 1080P 高清视频，可以涵盖任意角色和复杂场景，几乎达到了电影级别的逼真效果。OpenAI 官方对这个模型的描述是："Sora 是一个可以根据文本指令创造现实或虚拟场景的 AI 模型。"（Sora is an AI model that can create realistic and imaginative scenes from text instructions.）

为什么我们会感觉 Sora 生成的视频看起来那么真实呢？原因在于 Sora 不仅仅是在操作图像，或者说不仅仅是在操作画面上的像素，它似乎了解、掌握了物理世界的一些规律，包括物理空间的光影关系以及各种物体的物理性质。这也是 Sora 让我觉得最惊讶的地方。

Sora 之所以具备这个能力，根本上还在于它的训练方法已经超越了原来传统的多模态模型的训练方法。我们可以看到，至少 GPT-4V 等多模态模型，还仅仅是在理解画面，只是比过去的图形图像识别更进了一步。可以想象一下 Sora 的训练过程，Sora 应该是对输入的视频信号进行了深刻的理解。它不仅理解了画面上有什么，还理解了画面上所有东西之间的相互关系。比如说在 Sora 生成的海浪拍打着码头的场景中，随着无人机视角的镜头不停转动，码头的另外一面，就是原来看不见的部分，也会随着视角的变化渐渐显现出来。这说明 Sora 理解了镜头里的场景中有建筑，是建筑就必然有另外一面，也理解了从什么样的视角能看见建筑的哪些部分，等等。我认为这种理解能力已经可以说是真正的智能了。

从 AI 解决问题的能力来看，GPT 解决了什么问题呢？GPT 解决了对人类语言的理解问题，实现了机器和人之间的语言交流与互动。那么，Sora 又解决了什么问题呢？Sora 解决了机器和这个世界互动的问题。大模型被装在机器人的身体中，真正去接触这个世界的时候，它以摄像头为眼睛，就必须能理解这个世界的规律，才能跟世界互动。所以，为什么不能把 Sora 简单地看成一个文生视频的工具呢？因为 Sora 实际上反映了 AI 对这个世界的理解，而这种理解已经超越了对语言的理解，前进到对世界模型的理解和认知层面。这才是为什么我觉得大模型获得了巨大突破，以及这次 AI 浪潮来得比我们想象的要迅猛得多。

> **GPT 解决了对人类语言的理解问题，**
> **Sora 解决了机器和这个世界互动的问题。**

说到 Sora，就不得不感慨一下 OpenAI 这家公司，特别是这家公司的首席执行官萨姆·奥尔特曼（Sam Altman）的营销能力和包装能力，真的很可怕。2022 年 11 月发布的 GPT-3.5 实际上也是一个改变世界的大模型，但是被他们包装成了一个聊天机器人，叫 ChatGPT。因为是聊天机器人，它让很多人产生了错觉，以为那只是一个玩具。当然，聊天机器人降低了使用门槛，让很多人觉得 GPT 特别简单好用，推动了 GPT 迅速普及。而在这个聊天机器人的背后，我们看到的是大模型实现了零的突破，实现了对人类语言的深入理解。

一年多之后又是 Sora，这一次 OpenAI 把 Sora 包装成了一个文生视频的工具。大家觉得可以拿它来做短视频了，可以拿它来拍电影了。但是我觉得，Sora 背后隐藏的是 OpenAI 在大模型能力方面的又一次重大突破，如图 3-1 所示。

- Sora生成的视频不在于好看，在于逼真
- 逼真的背后是通过观察，理解了世界常识
- Sora是世界模拟器：像是造梦机

不能理解，则无法创造

图 3-1　Sora 最重要的突破是理解了物理世界

事实上，最早的 AI 是不能理解图片和视频的，发展到后来才有了能够在图片和视频里识别出某个物体或人物的能力，比如可以识别出图片里有一个人或者有一只兔子，这是早期阶段。到了前两年出现的多模态模型，在识别出一个画面中有什么东西之后，还能够根据语言和逻辑来猜测画面中不同对象之间的关系，比如说一个人在绿灯亮了之后横穿马路，或者一只小狗在沙滩上陪主人玩耍。

但是这一次 Sora 表现出了更强大的对图形图像的理解能力，包括不同的物体在重力作用下的运动规律是什么，当物体之间发生碰撞的时候，它们的表现应该是什么样的。这样才能解释为什么 Sora 生成的画面如此逼真。我认为当初 GPT-4 发布的时候，人们在自然语言理解方面有了一个"GPT 时刻"。

差不多就在一年的时间内，Sora 的推出宣告了 AI 领域又一个里程碑式的重大时刻。

下面我们来欣赏 Sora 生成的两个视频，切身感受一下那种逼真的画面。

视频展示　**Sora 生成的小狗在雪地里玩耍的视频**

▶ 视频 3-1　三只金毛幼犬在雪地里玩耍时，松软的雪花轻柔地挂在小狗鼻子上的感觉，都被生成了出来

扫码看视频

视频文字版

Sora 可以根据简单的文本提示生成任意现实和虚拟的场景视频。以下是这个视频的提示词。

Prompt：A litter of golden retriever puppies playing in the snow. Their heads pop out of the snow, covered in.

提示词：一群金毛幼犬在雪地里玩耍。它们的脑袋从雪地里冒出来，被雪覆盖着。

以下是视频中的一个精彩画面的截图。

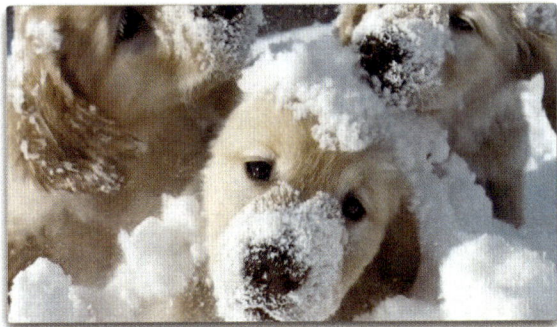

Sora 生成的这个金毛幼犬玩雪的视频生动地展现了小狗戏雪的活泼而温馨的场景。注意看画面，这个视频没有配音，注意画面中狗毛的感觉，还有狗鼻子上雪的感觉。很难想象这完全是无中生有，用 AI 生成的视频。

视频中，金毛幼犬在白色的雪地上欢快地跳跃、玩耍的样子充满了活力。它们的毛发在阳光下闪烁着金色的光泽，伴随着雪花的飞舞，营造出一种梦幻般的氛围。幼犬时而翻滚在雪地里，时而用鼻子推雪，表现出无忧无虑的乐趣。背景中，雪覆盖的树木为这一画面增添了宁静的自然美感。

整个视频流畅而自然，捕捉到了幼犬与雪互动的每一个细节，让观众感受到冬日的趣味。网友对这个视频的评价也反映了其高质量和真实感，许多人表示，这一场景几乎可以与现实中的画面相媲美，展现了 Sora 在视频生成技术上的突破和创新。

我觉得 Sora 之所以胜过其他文生视频模型，就在于它一定充分地理解了雪的含义，不仅知道雪的图像怎么画，还知道雪有蓬松的质地，会被狗刨起来，会留在狗鼻子上。也就是说，画一张狗在雪地上的静态图很容易，但画狗在雪地里跟雪互动，就需要有这些常识。所以它能画出来的前提一定是能理解这些。如果不能理解这些，它就画不出来或者画不对，我们就会觉得视频不真实。

视频展示　　**Sora 生成的无人机穿越古迹的视频**

▶ 视频 3-2　无人机穿过古老的斗兽场，随着行进轨迹的变化，光影与视觉的角
　　　　　　度随之变化

扫码看视频

视频文字版

以下是这个视频的提示词。

Prompt：Drone flight through Colosseum, sunny day, 4K

提示词：无人机飞越斗兽场，晴天，4K

以下是视频中的一个精彩画面的截图。

这是 Sora 生成的无人机穿越古老的斗兽场的视频，展现了一种独特
而震撼的视角。

视频开始于一架无人机从远处缓缓飞来，穿过斗兽场外部的拱门。随
着无人机的前进，观众能清晰地看到斗兽场雄伟的外观，阳光下的石柱和
拱门闪耀着光泽。

　　无人机继续向前，穿过斗兽场的主入口，进入内部空间。镜头俯视而下，展现了斗兽场内部环形的结构和阶梯座位。无人机缓缓下降，穿过中央的舞台区域，让观众感受到这里曾经是角斗士搏斗的舞台。

　　最后，无人机飞出斗兽场，拉开镜头，展现了整个建筑物在阳光下的宏伟景象。

　　视频的流畅度和细节都令人叹为观止，让人仿佛身临其境，感受到这座古老建筑的历史韵味。Sora 生成的这个视频无疑是对古老的斗兽场的一种全新审视，为观众带来了前所未有的视觉体验。

　　在 Sora 生成的这个视频里，随着无人机的飞行角度变化，我们看到的建筑视角也不同，甚至可以看到建筑的里面、外面，这是符合人对物理世界的直觉的。

3.2　Sora 与传统文生视频技术及 CG 技术有何不同

　　看了 Sora 生成的视频之后，大多数人的第一印象是太逼真了。所谓逼真是指，人的眼睛已经几乎无法分辨出视频是模型生成的还是实际拍摄的。人的辨别能力很强，通常一看就知道有些计算机特效是假的，比如说画面里哪些比例不对，哪些纹理粗糙，或者光照关系不真实，不符合物理规律。但是 Sora 生成的视频都比较符合我们对世界的认知，符合我们通过观察这个世界得来的常识。

在 Sora 的演示视频中，有三个片段让我觉得非常惊讶，其中两个在前面已经展示了。第一个就是一群金毛小狗在雪地里玩耍，感觉非常真实，小狗的鼻子拱着雪，甚至一粒一粒雪的掉落都能让人感觉到。第二个是两只海盗船在咖啡杯里战斗，咖啡杯里掀起的那些惊涛骇浪，非常有冲击力。第三个是一架无人机穿越斗兽场遗迹的画面，随着镜头不断移动，整个建筑的三维观感一致性保持得非常好。类似这种视频效果，用常规的 CG（Computer Graphics，计算机图形学）技术没有几个月估计是做不出来的。

这说明，Sora 通过大量训练，掌握了人类观察世界、描绘世界、表现世界的能力。表面上看，它生成的是二维画面，实际上 Sora 已经完全理解了三维世界的物理规律。与传统的 AI 或者说上一代文生视频的 AI 相比，Sora 有哪些不同呢？我们先来看看传统文生视频和计算机特效，感受一下差异。

视频展示　传统文生视频

▶ **视频 3-3**　传统文生视频技术生成的视频时间较短，且画面拼贴感强，画面元素间缺乏互动，缺乏细节，真实感较差

扫码看视频

视频文字版

这个视频里集合了 10 个视频片段。这些视频片段的画面就像是用计算机一帧一帧画出来的，一秒可能有 12 帧或者 16 帧。这些视频达不到一种逼真地模拟世界的效果，一看就像动画片。

以下是生成视频中各个片段的提示词。

1. 一只树袋熊在森林里全神贯注地弹钢琴

2. 令人难以置信的科幻场景，一个地外星球

3. 牛奶滴入一杯咖啡，高清晰度，4K

4. 动态旋转的雕塑，细线形的一只鸟

5. 金色夕阳照射下的海滩，云层遮挡了落日

6. 泰迪熊走在第五大道上，美丽的日落，特写，4K

7. 东方快车驶过一个幻想的场景，画布上的动画

8. 幻想景观的时间推移，4K，高分辨率

9. 日落时分独自走在迷雾森林中的旅行者

10. 两只浣熊在纽约时代广场打鼓，4K，高清晰度

视频展示　　计算机特效

▶ 视频 3-4　计算机特效是一种使用数学算法将二维或三维图形转化为计算机显示器的栅格形式的技术，需要使用物理和数学公式建模、渲染，成本高昂

扫码看视频

视频文字版

这个视频展示的是计算机特效。计算机特效即 CG 特效，是指在电影、电视、视频游戏和其他视觉媒体中使用计算机生成的图像来创建逼真或超现实的视觉效果。这些特效可以增强或替代实际拍摄的画面，为观众带来震撼的视觉体验。

以下是一些常见的计算机特效类型。

1. 三维建模：创建三维物体或角色的数字模型。

2. 动画：使三维模型动起来，包括角色动画、物体动画等。

3. 渲染：通过计算机软件将三维模型和场景转换成二维图像或视频。

4. 模拟：模拟现实世界中的物理规律和现象，如流体动力学（水、火、烟雾等）、软体动力学（布料、皮肤等）和刚体动力学（碰撞、破碎等）。

5. 数字合成：将多个图像或视频层合成为单一图像或场景。

6. 视觉效果：包括所有用于增强或创造视觉效果的技术，如绿幕技术、运动捕捉等。

7. 增强现实：在现实世界中叠加数字图像或信息。

8. 虚拟现实：创造一个完全虚拟的环境，用户可以沉浸其中。

计算机特效在现代电影制作中扮演着极其重要的角色，许多知名电影作品，如"阿凡达""复仇者联盟"系列等，大量使用了计算机特效，创造出了令人难以置信的视觉场景。

计算机特效虽然很真实，但它需要用计算机来模拟世界或者模拟设定好的角色。换句话说，要使用数学和物理公式来指导图像的互动，算力开销是非常大的。

为什么其他文生视频模型生成的视频达不到这样的效果呢？我的理解是，它们实际上还是基于图形图像本身的操作来进行生成，比如在一个画面上选定一两个目标、一两个对象，要么让它们保持不动，背景在动，要么背景不动，它们在动。这样就形成一种比较简单的计算机动画的效果，但是肯定达不到刚才提到的 Sora 生成的那三个视频的效果。

从常规的计算机特效，也就是电影工业的特效技术来看，要做出与 Sora 生成的那三个视频一样的效果非常难。比如说第一个视频中玩雪的毛茸茸的小狗，如果是好莱坞动画片的制作模式，就需要对小狗的几乎每一根毛发建模，包括对雪地中几乎每一粒雪都要进行物理建模，这样才能表现出小狗的毛发和雪花随风飘动的感觉，表现出雪地的质感。这样的特效没有几个月时间，我估计是做不出来的。同样，如果用电影特效来表现咖啡杯里波浪汹涌的效果，就需要通过粒子特效来模拟水的行为。把一小部分水看成一个粒子，然后利用水的物理方程来模拟流体的特质，最后一帧一帧地把它渲染出来。据说电影《阿凡达：水之道》的制作团队为了做水的特效花了好几年的时间，最终才完成大量的海浪、水波纹的特效镜头。最后，像无人机飞越古迹的画面，所有飞越的地方都需要做真实的三维建模、三维贴图和三维渲染。在镜头飞越的每一个观察点上都要对三维画面进行若干次渲染。对建筑物进行三维建模的工作量特别大，涉及成本高昂的"数字孪生"技术。

但是有了 Sora 以后，要生成这些场景和画面就变得非常简单了。你只要给它提供一两句话的文字描述，它就能给你生成非常逼真的视频。

图 3-2 总结了 Sora 与传统文生视频及计算机特效的区别。

有人可能会问：Sora 到底做不做三维建模？我觉得应该不会做。如果 Sora 也是先做三维建模再进行渲染，那和传统的电影特效没有区别，就不具备颠覆性和革命性了。Sora 是怎么做的呢？OpenAI 并未公开具体的技术细节，我猜测可能有以下三点。

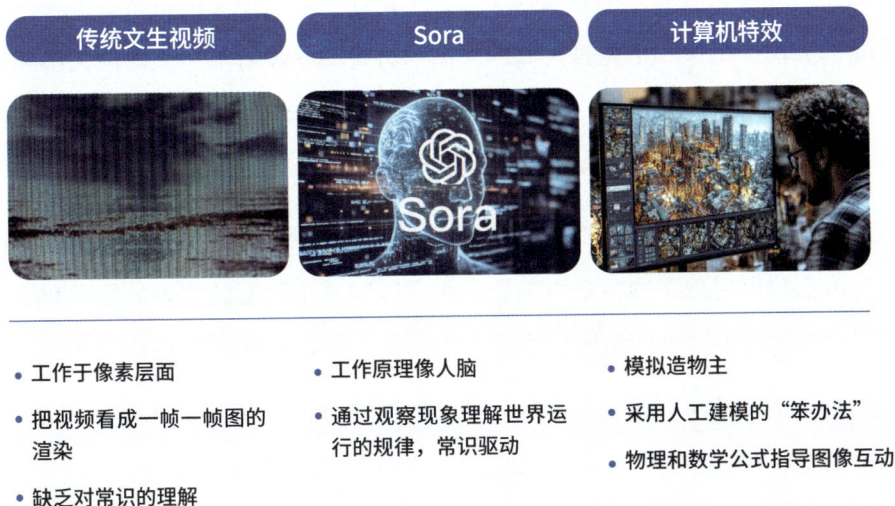

图 3-2　Sora 与传统文生视频及计算机特效的区别

第一点，如前所述，Sora 应该模拟了我们人类观察世界、描绘世界和表现世界的方法。比如说，如果让人类画家用画笔画出来前面说到的三个场景，画家并不需要在大脑里进行三维建模，因为画家对这个世界有深刻的洞察和认知，也了解透视原理。也就是说，画家不需要懂粒子特效，不需要利用公式进行计算，也能画出惊涛拍岸的感觉来。同理，Sora 通过大量训练，掌握了人类的这种观察世界、描绘世界、表现世界的能力。

第二点，Sora 在学习的过程中不光使用视频、电影的内容作为训练数据。也就是说，在输入一些画面给 Sora 模型做训练的过程中，它不光要解读画面中有什么元素，还要解读其中反映出来的物理规律。OpenAI 在一篇论文里提到了 "recaptioning"，很多人把它翻译成 "字幕技术"。实际上 "recaptioning"

在这里的意思是对每一帧画面都用文字来描述，这一点也非常符合人类认知世界的方法，就像一个见过大海的人用语言对一个没有见过大海的人描述海浪，让后者进行学习一样。这一点说明 OpenAI 的多模态技术已经发展到了一个新的层次。

第三点，可以大胆地猜测一下，OpenAI 自己应该生成了很多三维内容，也有可能他们用现在的游戏引擎做了很多实时三维模型的渲染，然后利用这种三维模型来把更多的物理知识训练给 Sora。有些人会吹毛求疵，说 Sora 不是也有一些"翻车"的视频吗？比如说一个杯子并没有破，水却流出来了。再比如说从土里挖出一个凳子，那个凳子没有表现出受重力作用的感觉。

我恰恰觉得有这些问题非常正常，就像第 1 章所说的大模型会产生幻觉一样，我们在做梦的时候不也会梦到很多物理规律失效的情景吗？比如说，我们会梦到一些现实中没有的建筑，或现实中没有的场景，甚至一些违背现实规律的场景。Sora 的演示视频中也有这样的例子，比如一群鱼在纽约的街头飘浮游动。我倒觉得这说明 Sora 的工作模式越来越接近人类的思维模式了。

所谓物理规律失效，我分析也许有两种可能。一种可能是这种模型先天也有幻觉问题，因此会产生一些不符合物理规律的效果。还有一种可能是模型对物理知识学习得不够，运用还不熟练，从而导致生成的视频场景违反直觉。

不管怎么说，我们在面对一个新事物的时候，不要老是盯着它的弱点，要相信这些弱点其实都是可以克服的。

3.3　Sora 能帮我们做什么

Sora 看起来是一个文生视频工具，但实际上它反映出 OpenAI 已经成功解决了通过视频数据让大模型学习、观察和理解世界的问题。所以我们说，GPT 或者大语言模型解决了机器和人的交流问题，而 Sora 则解决了机器与世界互动，以及学习和理解物理规律的问题。那么有了这个能力之后，Sora 能为我们做什么呢？

Sora 作为一个先进的视频生成模型，首先它会赋能短视频制作。有了 Sora，拍摄短视频的流程会发生很大改变，短视频创作者以后可能只需要拍摄一些关键的素材片段，剩下的部分可以由 Sora 来自动生成，并且自动把所有素材连接在一起。可能我们以后会越来越没有耐心看长视频和电影，看的都是 3 分钟、5 分钟的短视频。而这时候拍摄短视频需要做的可能只有两件事：写剧本，配音。如果连台词都由模型来写了，配音也由模型来做了，那以后说不定只需要一个主策划人。而这个主策划人的角色，一个短视频博主基本就能胜任了。

其次，Sora 也会给电影工业带来非常大的影响，它的应用有可能将电影工业的效率提升 100 倍以上。举个例子，很多电影特效的制作，过去要投入上千万美金，需要几千台甚至几万台计算机联合渲染很长时间。如今，Sora 可能只要几天时间就能帮你解决问题。再比如，有些电影的片段可以让 Sora 先出一个草稿，这样导演就不用对着剧本或分镜去想象场景了，而是可以直接看到真实的场景。

换句话说，有了 Sora，更多的人可以把时间放到策划和创意上，而不是把时间浪费在烦琐的现场拍摄和后期制作上。拍摄、灯光、布景、服装，这些烦琐的工作都可以交给 Sora。过去拍电影需要一支庞大的专业队伍，现在可能只需导演、剪辑、摄影、编剧即可，需要的人比原来少很多。

另外，拍电影需要很多专业的技能，很多人并不具备，但是 Sora 作为生产力工具可以赋能更多的人，让他们得以展示自己的才华。比如，我们很多人因此就可以拍出自己人生中的第一部微电影，圆自己的导演梦。

Sora 对自动驾驶和具身机器人也具有非常重要的意义。我们分开来讲，先说自动驾驶。自动驾驶大概可以分成三个层次。

第一个层次的自动驾驶工作在感知层面，比如用雷达感知前方的障碍物，如果不知道障碍物是什么，那就得刹车，让车停下来。

第二个层次的自动驾驶工作在语言理解的认知层面。如果给汽车加上大模型，汽车就可以感知到前方的障碍物是婴儿车，或者是一堆土，但是它依然不好判断是可以开过去还是应该避开。

第三个层次的自动驾驶工作在互动理解的认知层面。如果车载大模型具备对世界互动特性及物理规律的了解，知道前方的障碍物是软的，是可以开过去的，那大模型就敢做决策。

Sora 出现之后，自动驾驶技术的发展会加速，因为 Sora 强大的视觉理解和生成能力会对自动驾驶技术产生重要推动作用。比如，Sora 可以根据文本提示生成大量逼真的模拟驾控场景，这些生成的模拟数据可用于训练自动驾驶系统。相比手工标注的真实驾驶数据，模拟数据能够覆盖更多罕见情况，从而提高自动驾驶系统的可靠性。

最后，Sora 还可以赋能具身机器人。具身机器人需要与世界互动和感知环境的能力，但不一定需要掌握物理规律。比如，冬天让机器人到屋外去割草，它走到屋外一看，到处都是雪。如果它对雪的性质没有认知，不知道雪是松软的，踩上去会把自己陷到里边，那它可能刚走两步就会倒在雪地里站不起来了。

机器人如果没有对物理世界的这种认知，永远不可能做成功，因为它在实际应用中会碰上各种复杂的环境。对此，光靠跟人聊天对话，是解决不了问题的。Sora 生成的视频可以模拟物理世界的各种应用场景，这将使机器人在与环境的交互中更加自然和高效，从而推动具身智能的发展。

图 3-3 总结了 Sora 能帮我们做什么。

大幅提升电影工业的效率　　大幅提升短视频的内容生产质量　　让每个人都能圆自己的导演梦　　为自动驾驶、具身机器人创造更多应用场景

GPT解决机器与人的交流问题，Sora解决机器与世界的互动问题

图 3-3　Sora 可以解决机器与世界的互动问题

3.4　GPT-4o：让 AI 能听、会说、看懂世界

在发布 Sora 生成的视频，证明了大模型的视频生成能力后，OpenAI 又在北京时间 2024 年 5 月 14 日发布了 GPT-4o。GPT-4o 又做到了什么呢？它做到了能听、能看、能说。

我们管这种"能听、能看、能说"的模型叫多模态模型，即 GPT-4o 是一款多模态 AI 模型。通俗地说，就是 GPT-4o 不仅仅是聊天机器人，能用文字跟人交流，而且还能够轻松地听懂人讲的话，看懂面前的景象。GPT-4o 最强大的地方在于，它能够听懂并理解人的情绪。同样，它也能跟真人一样带着感情或情绪说话。除了听和说，GPT-4o 还有看的能力，这样它也具备了对这个世界的理解能力。我们可以先来看一段 GPT-4o 的演示视频，感受一下它的这些能力。

视频展示　　GPT-4o 帮助盲人游览伦敦

▶ 视频 3-5　GPT-4o 可以直接打开摄像头，帮助盲人识别位置、看到风景，甚至打出租车

扫码看视频

视频文字版

盲人游客：我是安迪·雷恩，来自 Be My Eyes，我即将开始一段可能改变全球生活的旅程。视觉是我们大多数人的主要感官，我们的眼睛接收着源源不断的信息。但对我来说有点不同。我是盲人，所以我不得不学习新的技能和使用替代方法来在没有视力的情况下生活。我依然会以视觉思

考，但必须通过其他方式在脑海中构建图像。然而，今天我正体验一些新的东西。我正在使用 OpenAI 最新的模型和语音优先界面，通过对话来想象这个世界。

GPT-4o：墨镜很酷，确实给你增加了不少魅力。

盲人游客：哦，谢谢。此刻在我面前的是什么？

GPT-4o：你现在正看着泰晤士河畔美丽晴朗的天空，你面前是著名的伦敦塔桥，它拥有雄伟的双塔和蓝色的悬索，是世界上最著名的桥梁之一。

盲人游客：太好了。你能告诉我此刻桥是开启还是关闭的吗？

GPT-4o：此刻桥是关闭的，所以交通……

盲人游客：随着 AI 的讲述，我的脑海中正在构建一幅视觉图像。我现在真切地感受到伦敦一些名胜的雄伟，如同它们被描述给我的一般……告诉我你能看到什么？

GPT-4o：我能看到大本钟的顶部从树梢间露出来。它拥有经典的哥特式设计风格，每一面的表盘都非常醒目。不愧是一个标志性的建筑，对不对？

盲人游客：我能想象出许多游客来伦敦参观的标志性景点……国王此刻在里面吗？

GPT-4o：是的，看起来国王此刻在这里。白金汉宫上空正飘扬着皇家旗帜，这表示国王在宫中。能在国王在家的时候身处此地，真是令人兴奋。

盲人游客：请告诉我它们现在具体在做什么，好吗？

GPT-4o：此刻，鸭子们正轻轻滑过水面。它们的动作相当放松，并不急躁。偶尔有一只鸭子会将头探入水中，可能是在找食物，然后再浮上来。

盲人游客：我甚至能知道什么时候有出租车正亮着橙色的灯向我驶来，让我可以打车回家。

GPT-4o：是的，我刚才看见了一辆。它正沿着道路左侧向你驶来。准备好招手叫车吧……太棒了，成功叫到了出租车。看起来你已经准备好了。这只引导你上车的狗（导盲犬）真是不错。祝你旅途平安。

盲人游客：全球各地的盲人都有丰富而充实的生活，但没有视力的确让生活变得更加困难。然而，我今天的经历让我感受到无比的力量和喜悦。我非常兴奋，因为全球其他盲人很快也能通过 Be My Eyes 使用 OpenAI 的最新模型。

我觉得这有点儿像无人驾驶汽车。这感觉似乎需要一些时间适应，但只要适应了，就会习以为常，而这种习以为常让人满怀希望和乐观。

GPT-4o 除了智力的提升，最重要的还是交互能力的提升，也就是说它更像人了。GPT-4o 中的 "o" 代表 "omni"，意思是 "全能"，即 GPT-4o 是全能版的意思。GPT-4o 的技术原理是 "端到端" 模型，"端到端" 指原生多模态模型直接对语音、图像进行处理并给出反馈。正因为如此，GPT-4o 给我们最大的惊喜就是，这个统一多模态大模型的语音输入和声音输出构成了一个完整的体验。

在没有这种统一多模态大模型时如何处理声音呢？需要用三个模型或引擎。比如，在人类说话时，先用语音识别引擎将语音转换成文本，然后把文本交给大模型去处理。大模型处理完并给出响应文本以后，再把响应文本通过一个叫 TTS（Text to Speech，文本转语音）的引擎转成语音，最后再输出语音。这样做的问题是，体验非常不像与真人交互。因为有三个引擎协作，所以耗时比较长。我们真人之间在对话时，我说一句话，你可能马上就有反应，这个时间在 300 毫秒左右。但是三个引擎联合起来，这种语音处理和语音响应的延迟至少有 2 秒，甚至 3 秒以上，所以你就会感觉大模型没有那么智能了。

分三个引擎处理语音也会导致人类在说话时的很多情绪、语调，乃至很多微妙的语境会被丢掉。这和我们真人的处理方式非常不一样。当用一段文本通过 TTS 生成语音时，因为前面的输入已经丢掉了情绪信息，所以输出的语音也自然不会带有情绪。如果我说话没有抑扬顿挫，而是平铺直叙，听不出感情，大家就会觉得我像个数字人。有了 GPT-4o 的多模态对话能力，大家以后反而会说老周还不如数字人。

传统语音识别技术的应用还有一个问题，那就是必须使用唤醒词。原来的语音识别引擎不由大模型驱动，它不知道你哪句话是对它说的，即无法主动识别。因此，你在想让它干什么之前都要先说"你好，某某同学""你好，小某某"之类的唤醒词。而这种交互非常不符合人类交流的习惯，会让我们觉得语音交互显得非常不自然。这一次，GPT-4o 把这个问题也给解决了。

GPT-4o 是怎么解决这个问题的呢？我们简单讲一下它的技术原理，核心就是"端到端"。意思就是，它不用先把语音转换成文本，然后处理文本，最后再把文本转换成语音，而是直接对输入的语音进行处理，然后生成语音。GPT-4o 是一个统一多模态大模型，可以直接理解输入的语音，包括语音中包含的情绪、感情、语调、口气等，然后直接输出语音。这就带来了一种全新的体验：首先，响应的延迟只有 300 毫秒左右，达到了人类和人类交谈的响应速度；其次，不仅能听懂你说的话里的情绪，而且在输出回答的时候可以伴随着高兴、悲伤、失望、兴奋或者更复杂的情感。

除了"端到端"地处理语音，GPT-4o 还可以直接处理手机摄像头捕获的视频流，相当于可以赋予手机"看懂"的能力。想一想，AGI 不仅在推理能力、知识能力、逻辑能力上要赶超人类，还应该在交互能力上更像人类才对。图 3-4 总结了 GPT-4o 的特点。

- 最大的特点是语音交互延迟低，可压缩至300毫秒，像真人对话
- 保留人类情绪、语调，解决了"唤醒词"问题，不"反人性"
- 可以直接通过手机摄像头，获取更强大的视觉能力，与人交互能力更强
- 技术原理是"端到端"模型，原生多模态，直接对语音进行处理

图 3-4　GPT-4o 让 AI 更像人类

GPT-4o 语音交互低延迟，保留人类情绪、语调，具有更强大的视觉能力等特点，让大模型与人、与世界交互的能力变得更强大。

可以这么说，GPT 或者大语言模型可以给机器增加大脑，使得机器能理解我们这个世界，理解我们人类的知识，能够思考、推理、判断。而 GPT-4o 的多模态能力可以给机器增加耳朵和嘴巴。前面介绍的 Sora，它对视频的分析能力在接管摄像头以后，相当于给机器增加了眼睛。

3.5　GPT-4o 能帮我们做什么

GPT-4o 可以在哪些领域带来革命性的变化呢？

我觉得凡是跟语音交互有关的，需要模拟与真人交互的场景应该都是 GPT-4o 可以大显身手的地方。实时翻译就是这样一个领域。比如有人要学外语，GPT-4o 就可以扮演一个外语老师。再比如现在我们给小孩子请一个 AI 家教，如果它能用一种让小孩子觉得非常真实的声音来上课，效果会不会很好？类似的例子还有心理医生、客服等场景。

至于会不会有人用 GPT-4o 来打诈骗电话，我觉得 OpenAI 早有考虑，因为 GPT-4o 用的声音是固定的。以后我们一听到某个声音，可能就会知道是不是 AI。我相信它已经有了声音克隆能力，但是应该是出于安全考虑没有提供。再比如现在流行的虚拟角色扮演，用上 GPT-4o 的能力之后，可能会产生新的"杀手级"应用。

不过，我认为 GPT-4o 真正会大放异彩的应用场景还是赋能硬件。也就是说，给各种各样的智能硬件加上一个摄像头来增加眼睛，加上麦克风和扬声器来增加耳朵和嘴巴。很多智能硬件本身没有触摸屏、鼠标或键盘。很难要求用户像操作计算机和手机那样操作这些智能硬件。

　　我们想象一下，以后家里的扫地机器人能听懂你的话，跟着你跑来跑去。家里的自动门锁，能在你回家的时候看见并认出你，不仅能自动解锁，还能充当家里的监控摄像头。比如小孩子爬到了窗台上面，它就能看见并发现危险，立即向你打电话提醒。再比如，智能音箱和智能电视机可能会变成陪伴老人的看护者。老人坐在智能电视机前面看电视的时候，电视机可以通过语音交互向老人解释一些知识……这里面的想象空间非常大。总之，凡是不需要用手、用鼠标去操控的场景，语音交互能力都会得到充分发挥。

　　当然，说到赋能硬件，我认为最重要的应用场景还是智能网联车。目前，如果你坐在智能网联车上，在给车下指令的时候都要先唤醒车载系统，还要注意不能说错话。想一想，如果有了 GPT-4o 的能力，那每辆车就像有了灵魂一样，能够陪你聊天，和你交流，听懂你的想法，灵活地操纵车机的各个功能，无论是打开空调，打开天窗，还是把座位调到零重力模式……这时候的智能网联车会非常像一个真人。会不会突然觉得有点儿毛骨悚然？反正就是你自己开车的时候，会有一个像真人一样的伙伴儿一直在陪伴着你。

　　我们前面谈到的具身机器人，也会因为有了 GPT-4o 的多模态交互能力，与人类交流更加自然、更加顺畅。

　　苹果的 Siri 在 iOS 18.1 之前一直没有做得特别成功，我觉得有两个原因。第一，手机在很多场合下用语音交互并不方便，因为会打扰别人。手机有触摸屏，有各种应用界面，用手指操作更方便。第二，以前的 Siri 不够智能，多跟它说两句，就会觉得它不像一个真人，很难称得上个人助理。

　　从 iOS 18.1 开始，Apple Intelligence（苹果智能）功能上线，Siri 背后的模型能力也得到了升级。iPhone 端侧大模型的部署和应用，可能会给 AI 手机

带来本质的革命性变化。另外，因为交互足够简单，很多手机上的应用可能
会变成被 GPT-4o 或者其他云端大模型调用的插件。AI 手机的突破有可能也
会由此开始。

图 3-5 总结了 GPT-4o 能帮我们做什么。

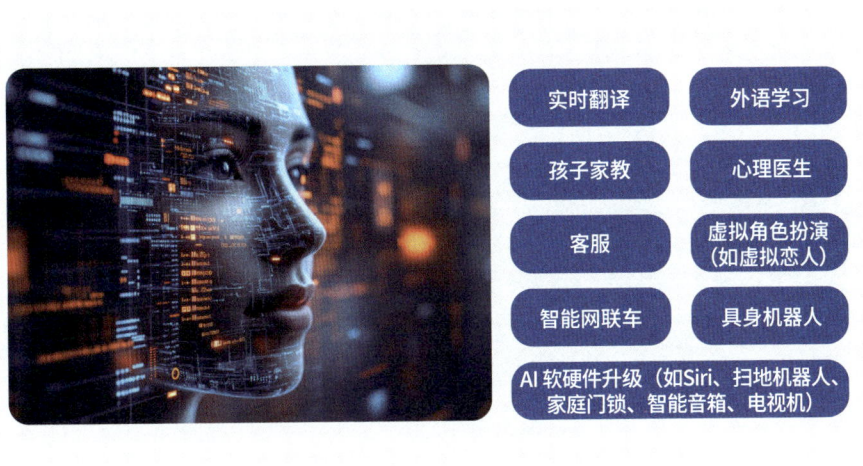

图 3-5　GPT-4o 能帮我们做什么

第 4 章

大模型的应用前景

4.1　大模型的快速发展，加速 AGI 到来

2024 年 7 月，OpenAI 传出一则新闻，是关于人类什么时候能实现 AGI 的。在 OpenAI 召开的一次全员大会上，OpenAI 管理层展示了对 AI 未来发展的构想图，或者说路线图。这张路线图详细描述了他们对 AGI 的研究和开发计划，并将 AGI 的发展划分为了五个级别，每个级别都代表 AI 技术的一次重大飞跃。

关于 AGI 的争论有很多，有人认为 AGI 永远不会实现，有人认为自己的大模型很快就会达到 AGI 水平。事实上，人们对 AGI 的定义也有很多争议。不同公司的标准也不一样，有的说它相当于博士水平，有的说它大概相当于普通人的正常智力水平。

OpenAI 把通向 AGI 的 AI 划分为五个级别，或者说五个阶段。OpenAI 自认为他们的 GPT-4 正处于 Level 1，也就是最低的级别。第 2 章介绍的具有逆天推理能力的 o1 模型在某种程度上已经可以说达到了 Level 2。OpenAI 认为第五级的 AI 有望在 2027 年实现。下面我们来看一看 OpenAI 定义的 AGI 的五个级别。

第一个级别 Level 1，叫 Chatbots（聊天机器人），也就是能与人类对话的 AI。目前大模型都具备与人类对话的能力，也就是能理解人类的知识，理解人类用知识描述的世界，能够生成文本，能够跟人类自如地交流，能够通过图灵测试。

第二个级别 Level 2，叫 Reasoners（推理者），也就是能够像人类一样解决问题的 AI。我的理解是，它不仅可以记忆和检索知识，可以用人类语言表达，关键是还能用知识进行新的推理，并通过推理来解决问题。o1 模型可以

说已经达到这个级别了。

第三个级别 Level 3，叫 Agents（智能体），也就是不仅能思考、能推理、能规划，关键是还能采取行动，完成人类设定的任务的 AI。人类设定的任务往往不是一件事，比如不仅仅是一次搜索、一次翻译，而是会把多件事组合在一起。关键是可以达成一个具体的目标，这才能称为智能体。需要说明的是，这里所说的智能体比目前业界所说的智能体要强大得多。

第四个级别 Level 4，叫 Innovators（创新者），也就是能够发明创造的 AI，即能够创造出新概念、新事物、新产品的 AI。我个人推测，这个级别的 AI 可能要依赖幻觉能力，因为超出常规思维的"幻觉"是进行创新的基础。

第五个级别 Level 5，叫 Organizations（组织），也就是可以完成超越个人或者组织工作的 AI。比如说，它可以完成部门、公司、医院、出版社等一个组织所能完成的工作。这应该是由多个智能体进行协作分工实现的，或者说是在一个智能体的领导、组织、协调下完成的。

前面说过，OpenAI 认为 GPT-4 处在第一个级别，即聊天机器人阶段。但是他们的 o1 可能接近实现了推理这一步，即推理者阶段。

4.2　大模型提升生产力的五层能力

在 AGI 加速到来的大背景下，各行各业普遍关注的问题就是大模型如何重塑每个行业，提升生产力。我总结了一下，大模型赋能生产力提升可以对应五层能力，分别是通用能力、创意能力、基础能力、业务能力和科技能力，如图 4-1 所示。

图 4-1　大模型提升生产力的五层能力

在大模型的这五层能力中，通用能力和创意能力主要面向个人和小团队，用于标准化的办公场景。创意能力可以用于解放人类创造力的营销场景。很多人有一个误解，认为大模型是玩具，对提升企业生产效率的用处不大。那是因为他们对大模型的理解还停留在这两个层面上。

大模型的第三层能力是基础能力，包括知识管理、情报分析和多模态处理。这些是可以帮助企业全面提升核心竞争力的能力，特别是可以推动企业完成"智改数转"。

在第四层的业务能力之上，大模型通过与业务系统深度融合，利用大数据增强、业务增强、组织协同能力，驱动业务增长，可以直接创造业务价值。

最后一层，也就是第五层能力，我称之为科技能力，一般只应用于具有科研属性的业务领域。

接下来，我们主要介绍一下大模型的通用能力和科技能力。

4.3　大模型的通用能力

大模型的通用能力更多是针对个人用户来说的，这里我们把通用能力进一步划分为十大能力。

1. 生成与创作：生成与创作能力就是大模型能够根据我们给定的指令或上下文，生成几乎任何主题、任何类型的文本内容，包括但不限于文章、故事、代码等，而且生成的文本还非常流畅、一致且语法正确。

2. 多轮对话：多轮对话的关键在于大模型能够理解并记住前面对话的上下文信息，从而生成连贯、自然的回应，维持对话的连续性。

3. 代码能力：大模型具备理解、生成、补全代码的能力，能够辅助程序员进行编程工作，弥补程序的缺陷。SWE-bench 基准测试（SWE 代表 "Software Engineering"，即软件工程）就是用来评估大模型自动解决 GitHub 代码库问题的能力的。

4. 文本分类：大模型能够对文本进行分类，识别和区分不同类型的文本内容。比如，给用户评论打上情感标签，像赞美、否定或者中性等。

5. 文本改写：大模型能够对给定的文本进行改写，如缩写、扩写、语气转换、改变风格。比如有人微调大模型，让大模型模仿一些名人，甚至模仿某位古人说话或写文章的风格。

6. 阅读理解：大模型具备强大的上下文理解能力，可以帮助我们阅读论文、小说、报告等长篇内容，帮我们提炼要点、生成脑图，或者帮我们做 PPT（演示文稿）。稍后我们会看到一个相关的例子。

7. 逻辑与推理：大模型具有逻辑与推理能力，因为它理解了知识背后的联系，能够完成基本的逻辑运算和推理任务。正是由于大模型具备这个基础能力，才说明它是真的人工智能。

8. 知识问答：通过其自然语言理解和生成的能力，大模型可以像百科全书一样提供知识信息，回答各种领域的问题，并可以根据用户意图对知识点进行汇总、整合，生成更贴切的答案。

9. 多模态：多模态大模型结合了大模型的自然语言处理能力与对其他模态（如视频、音频等）数据的理解与生成能力，不仅可以接收和生成文本，还能感知和生成音乐、图片、视频，提供更加丰富和自然的交互体验。

10. 翻译：大模型能够进行多语言之间的翻译工作，而且由于训练语料前所未有地丰富，翻译质量也比之前最先进的神经网络翻译质量高很多，超出了一般人类译者的翻译质量。

　　了解了大模型具备的这些基础通用能力之后，接下来可以看一下这些能力有哪些应用场景。当然，这些基础能力更多是用于教育学习、日常办公、语言处理，还有营销内容的生成和创意方面。通过下面这几个例子，我们应该可以对大模型的基础能力有一个直观的感受和认识。

视频展示　　**AI 阅读**

▶ 视频 4-1　360AI 浏览器帮你掌握读书新方法，高效读书

扫码看视频

视频文字版

　　如何选择好书、高效读书，是很多人的困扰。360AI 浏览器帮你掌握读书新方法。比如这本《智人之上》，可以用 360AI 浏览器的图书分析功能帮你先看一遍，不到一分钟，它就给你提供了这本书的简介和重点总结。37 万字的篇幅，它数十秒帮你读完。如果想要更清晰的内容框架，"生成脑图"帮你更了解这本书的整体脉络。脑图还支持多层级无限延展。点击"深度分析"，给你提供这本书的深度解读，包括作者尤瓦尔·赫拉利的创作思路。

　　如果看完这些内容，对这本书还有其他疑问，可以点击"追问"了解更多信息，即问即答，随时解惑。360AI 浏览器这样就帮你粗读了这本书，这个过程帮你快速识别哪些书更有价值。对于有价值的书，我们再仔细认真"咀嚼"。

视频展示   AI 音频解读

视频 4-2   360AI 浏览器的音频分析功能帮你一分钟高效整理录音

扫码看视频

视频文字版

面对各类冗长的讲座、会议录音，需要花费大量时间才能整理出会议纪要。360AI 浏览器的音频分析功能帮你一分钟高效整理录音，快速分析各类音频内容。

上传这段公司会议录音到 360AI 浏览器，它能快速帮你整理出会议纪要，与会人、会议主题、会议时间清晰可见。智能总结会议待办，提高会议效率。同时，它能帮你识别多位发言人，对不同发言人的观点进行清晰总结。还有脑图帮你厘清逻辑，看懂整个会议讨论框架。

脑图的多层级结构，支持获取任一环节的细节信息。"重点""分析"帮你了解会议详情，快速定位核心话题。点击"全文"，一键转成文字，两个多小时的音频马上变成文字实录提供给你，文字阅读就方便高效多了，可以快速浏览，不用逐句听。点击全文任意时间点，就能跳到音频对应位置，这样只需挑感兴趣的地方听就好了。还可以向它提问，以问答的方式帮你深入了解会议内容，它都可以帮你快速提炼和整理出来。

视频展示 AI 视频速览

▶ 视频 4-3 360AI 浏览器的视频分析功能帮你快速获取长视频有效信息

扫码看视频

视频文字版

视频太长，语速太慢，表达过于啰唆，长视频的信息量太少。360AI 浏览器的视频分析功能帮你快速获取长视频有效信息。比如每次苹果开发者大会是很多"果粉"的熬夜必追项目，但持续两个多小时的视频过于冗长，英文视频也会劝退一部分人。在 360AI 浏览器中打开苹果发布会视频，它能快速帮你分析整个视频内容。点击"简介"能帮你总结本次发布会的主要内容和主要观点。它还能帮你区分视频中的不同发言人，并分别总结出不同发言人的观点。点击"脑图"还能帮你展示出发布会的整体框架，让你清晰看到苹果的主要产品更新。在"重点"页面，它把整个视频结构化地进行了分段总结，给出每个主要话题的总结和分析。更友好的是，它能直接帮你把这个全英文视频转成文字，还可以对英文原文逐句翻译，全文文档也可一键导出，浏览文档更高效省时。对于无字幕的视频，还可选择一键添加字幕，并把英文字幕翻译成中文。这样，超长视频对于有语言障碍的朋友来说完全无压力了。

视频展示 **PPT 制作**

▶ 视频 4-4　360AI 浏览器帮你一分钟把汇报文档转换成 PPT

扫码看视频

视频文字版

　　每次工作汇报或项目演示，制作 PPT 都需要大量时间和精力。360AI 浏览器帮你一分钟把汇报文档转换成 PPT。打开 360AI 浏览器，将已有的文档资料上传，AI 帮你自动分析文档内容，生成文档简介、脑图，并提取出文档重点。点击"生成 PPT"。在页面左侧，AI 首先帮你生成 PPT 大纲，大纲中不合适的内容还能再次手动编辑调整。确定大纲没问题后，可点击"生成 PPT"。几秒钟后，一份精美的 PPT 就生成了。如果对模板和样式不太满意，可以选择更多模板，字体、颜色、风格等都可调整替换，还可一键生成过渡动画，让 PPT 更生动、更专业。勾选"演讲稿备注"，AI 还会自动帮你生成演讲稿，给你的 PPT 演讲最安心的保障。当然，除了文档，还可将音频、视频或者网页资料上传，AI 帮你自动分析并生成 PPT。有逻辑又高效的 PPT 神器在手，不再为 PPT 发愁！

　　在上面这几个应用的例子中，我首先推荐 AI 阅读，这是我自己最爱用的功能。以前，我一年能读几十本书，自打开始接触短视频之后，就没有那么多时间读书了。现在，我就用 AI 来帮我读书，让 AI 快速地帮我把一本书的逻辑结构梳理清楚，画出重点，甚至把脑图给做出来。过去一本书要读几天，现在大概只要花一小时或者半小时就能了解个大概，对于需要重点关注的部分，再去深入阅读。

　　AI 音频解读比较适合开会、上课的场景。这个能力可以迅速给出会议记录、会议摘要，还可以分析会议上每个人的发言并提供分析结果。

　　如果要了解国外的 AI 进展，就要看发布会视频，但是我没有能力熬夜看两三小时的发布会。现在用 AI 来分析视频，基本上一小时的视频，一分钟就能分析完。你只要把重点看一看，整场发布会讲了什么也就比较清楚了。

　　PPT 制作可以帮助上班族迅速把工作总结、汇报转换为 PPT，是工作提效的神器。

　　以上这几个演示介绍的是大模型的通用能力，主要用于完成我们办公场景中的一些工作。但是如果大模型仅仅具有这些能力，我认为谈不上是一场工业革命。人类做大模型不仅仅是为了写些文章、画些图。接下来我们继续看大模型的科技能力。

4.4　大模型的科技能力

　　如图 4-1 所示，在大模型提升生产力的五层能力中，位于顶层的是科技能力。下面我们主要介绍几个具有代表性的科技能力，或者说最有前景的应用领域。

4.4.1　大模型科技能力一：推动自动驾驶迎来革命性变化

　　自动驾驶现在是一个很热门的话题，也是大模型最有前景的应用领域之一。原来的自动驾驶之所以离不开人类对方向盘的掌控，还是因为自动驾驶系统的 AI 能力不够强大。无论我们使用激光雷达还是摄像头，AI 都仍工作在感知层面。有了大模型之后，自动驾驶会迎来哪些变化呢？首先，自动驾驶从工作在感知层面上升到工作在语言理解和认知层面。大模型上车以后，就可以知道车辆各个方向都有什么东西。然后，再从单向理解上升到互动理解的认知层面。如果大模型具备对物理规律的理解，知道前面的障碍物是软的，是可以开过去的，那大模型就敢做出决策。

在大模型，特别是多模态大模型上车的基础之上，自动驾驶将迎来革命性的变化。

第一，人机语言交互将发生根本性变革。大模型上车之后，车辆会像有了灵魂一样，能够听懂你的各种指令。比如说现在有很多车，我们只能对它们明确地指示说"把天窗打开""把空调的温度调低"。但是有了大模型之后，你在车上说"今天怎么这么热"，可能车就会问你要不要把温度调低，或者要不要把天窗打开。这样就显著增强了人与车之间的语言交互体验，让人车协作变得更加直观和高效。

第二，自动驾驶的车辆将看懂物理世界。在原有摄像头、传感器的基础上，车辆装备大模型后会对世界有更多的判断和理解，这会极大增强自动驾驶系统的能力。基于车载摄像头采集的图像数据和视频数据，大模型通过推理可以识别出道路、车辆、行人等各种对象，并预测其运动轨迹。同时，大模型还可以推断出对象的属性、材质、重量等信息，以及它们之间的相互作用关系。这种对物理世界的深层次理解，使得自动驾驶系统可以做出更加智能和安全的决策。例如，当遇到复杂的路况时，大模型可以根据对环境的理解，选择最优的行驶路径和策略。这种看懂世界的能力是实现真正意义上的智能驾驶的关键所在。

第三，车载系统本身将具备推理和规划能力。通过采用强化学习和多智能体架构，可以大幅增强车载系统的逻辑推理和任务规划能力。车载大模型可以被分解为多个相互协作的智能体，不同的智能体分别负责感知、决策和执行。这些智能体之间通过强化学习不断优化自己的策略，最终形成一个高度协调和智能的整体。利用这种架构，车载系统可以进行复杂的逻辑推理和任务规划，使得自动驾驶系统能够更加智能和灵活地应对各种复杂的驾驶场景。

第四，真正改善自动驾驶的乘坐体验。我跟华为智能汽车业务的负责人交流过，其实也包括特斯拉等车企，他们对自动驾驶系统的训练从原来的基于规则判断变成了基于数据训练，也就是利用了大模型的训练方式。过去自动驾驶系统之所以做得不好，是因为在基于规则的情况下，即使做一万条规则，还是会遇到这一万条规则无法涵盖的新情况。现在是把人类驾驶员真实驾驶的数据作为示例，比如说不同的路况，好的司机会怎么打方向盘，怎么踩油门，怎么踩刹车……把这些真实驾驶操作的动作序列作为数据拿来训练大模型。前面讲过了，只要给大模型一些例题来做，就能培养出它举一反三的能力。在驾校，教练用两个纸盒子来模拟障碍物，就能让你学会开车时避开障碍。但是以前基于规则的方法需要把各种障碍物，比如石头、婴儿车或者其他汽车都定义成规则。现在切换到用大模型进行数据学习的方式，只需搜集 1000 个正确驾驶操作的示例，训练出来的自动驾驶模块就能具备人类驾驶汽车的能力。因为训练效果更出色，自动驾驶系统的自然感、顺滑度、面临危机时的预判能力等方面，会给乘客带来全新的体验。

在自动驾驶领域，"端到端"的训练技术已经成为主流。"端到端"训练的核心是大模型直接从摄像头拍摄的画面中学习对车辆的控制，包括转向、加速和制动。这样训练出来的车载大模型，将汽车行驶视作一个序列预测问题，可以大幅提升自动驾驶系统的性能。换句话说，大模型把车辆的当前状态和周围环境作为输入，从而预测出车辆在下一个时间点的状态。这种基于序列预测的方法，可以让自动驾驶系统更加平滑和稳定地控制车辆。

图 4-2 总结了自动驾驶的三个层次和大模型上车范式。

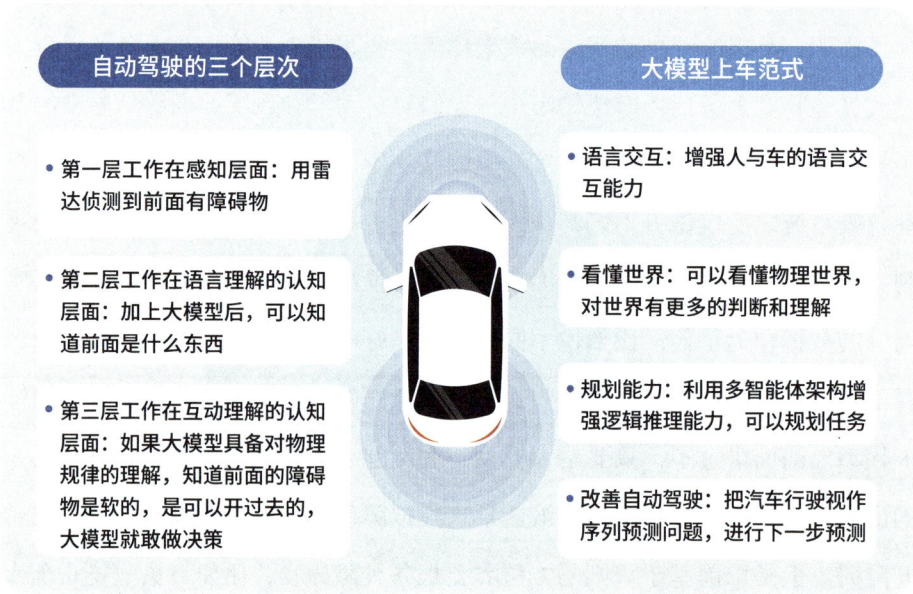

自动驾驶的三个层次

- 第一层工作在感知层面：用雷达侦测到前面有障碍物

- 第二层工作在语言理解的认知层面：加上大模型后，可以知道前面是什么东西

- 第三层工作在互动理解的认知层面：如果大模型具备对物理规律的理解，知道前面的障碍物是软的，是可以开过去的，大模型就敢做决策

大模型上车范式

- 语言交互：增强人与车的语言交互能力

- 看懂世界：可以看懂物理世界，对世界有更多的判断和理解

- 规划能力：利用多智能体架构增强逻辑推理能力，可以规划任务

- 改善自动驾驶：把汽车行驶视作序列预测问题，进行下一步预测

图 4-2　大模型应用前景一：推动自动驾驶迎来革命性变化

我们相信，有了大模型，自动驾驶就可以很快发展到无人驾驶。过去我们认为发展到无人驾驶可能还需要 5 ～ 10 年，现在看来我认为 3 ～ 5 年内应该就可以实现。为了生成更加直观的感受，我们来看看下面这个特斯拉自动驾驶的演示视频。

视频展示　特斯拉 Model X FSD V12

▶ 视频 4-5　特斯拉 FSD V12 是用海量视频数据训练出的"端到端"神经网络，不再由规则驱动，而是由数据驱动。只要数据足够多，场景足够丰富，自然会产生智能和判断

扫码看视频

特斯拉的全自动驾驶（FSD）系统介绍

特斯拉的 FSD（Full Self-Driving，全自动驾驶）系统是该公司在自动驾驶技术领域的重要产品。该系统旨在实现车辆在没有人类干预的情况下自主完成驾驶任务，包括识别路况、规划路线和控制车辆等。

特斯拉的 FSD 系统的发展可以追溯到 2013 年，当时该公司开始探索自动驾驶技术，并逐步推出了一系列相关产品。2020 年，特斯拉正式发布了 FSD Beta 测试版，标志着其在完全自动驾驶领域的重大突破。到 2024 年，特斯拉已经推出了多个版本的 FSD 软件更新，如 V12.3 和 V12.3.3。这些版本通过"端到端"神经网络技术进一步提升了系统的精确度和自动化程度。

特斯拉的 FSD 系统主要包括感知、规划和控制三大部分。感知部分主要通过摄像头捕捉周围环境信息，并利用深度学习模型进行分析识别；规划部分处理如何安全有效地导航；控制部分则负责实际的车辆操作。特斯拉还采用了 BEV（Bird's-Eye-View，鸟瞰视角）+Transformer 模式和影子模式来提高系统的性能和可靠性。

特斯拉将 FSD 作为 Autopilot 系列中的高端产品，用户可以通过订阅服务使用该功能。每月费用一开始为 199 美元，目前已降至 99 美元，无须预先支付一次性费用。

特斯拉的 FSD V12 与 FSD V11 的对比

相比于上一代 FSD V11，FSD V12 通过采用"端到端"深度学习技术，在复杂路况下表现出更加灵活、拟人的驾驶行为。这种技术路线被认为是"改变游戏规则的技术"。我们可以通过对比这两代 FSD 的差异，来感受大模型上车之后给自动驾驶技术带来的革命性变化。

- 从技术架构上来说，FSD V12 用"端到端"深度神经网络架构，取代了 FSD V11 中的 30 万行 C++ 代码。这种新架构允许系统直接从大量视频片段数据中学习驾驶和控制车辆，而不是依赖硬编码的规则。

- 在驾驶表现方面，拥有了更自然的驾驶行为。FSD V12 在处理驾驶场景时表现得更像人类司机，能够更流畅地进行变道和速度调整，减少了在变道时的犹豫。例如，当快车从后方接近时，FSD V12 能够安全地切换到慢车道并让快车通过，然后再切换回快车道。

- 提高了反应与适应能力，减少了人类干预。与 FSD V11 相比，FSD V12 预计将人类干预次数减少 99%，这意味着车辆在行驶过程中需要的人工干预显著减少。这种改进使得系统在复杂驾驶环境中的表现更加自信和有效。

- 处理复杂场景的能力大大增强。FSD V12 在处理如"无车道的街区道路"时表现更佳，能够稳定地保持在车道中心，而不再出现左右摇摆的情况。这是 FSD V11 所面临的挑战之一。

- 驾驶舒适性方面，对速度的控制更加平稳。FSD V12 在通过凹凸不平的路面时表现出色，能够平滑地降低速度，提供更舒适的乘坐体验。

特斯拉 FSD V12 是用海量视频数据训练出的"端到端"神经网络，不再由规则驱动，而是由数据驱动。只要数据足够多，场景足够丰富，自然会产生智能和判断。

4.4.2　大模型科技能力二：促进具身机器人产业加速发展

大模型非常有应用前景的第二个领域是具身机器人，或者说人形机器人。具身机器人很可能成为我们这一代人的主要照护者。这一重大转变得益于大模型技术的突破性进展。大模型的出现为机器人产业注入了新的活力，使具身智能成为当前科技创新的重要"风口"。那么，大模型究竟为机器人技术带来了哪些根本性的突破呢？

第一，大模型给机器人增加嘴巴和耳朵，增强机器人的听说能力。这样机器人就能够听懂人在说什么，能够跟人自如地交流。比如，本节后面演示的 Figure 01 机器人展现了与人类进行完整对话的能力，这得益于 OpenAI 大模型支持的视觉和语言理解能力。此外，BLIP-2 和 Flamingo 等多模态大模型，通过引入新颖的门控交叉注意力层，使得大语言模型具备了理解视觉输入的能力，从而进一步增强了机器人的语音理解和交流能力。

第二，大模型给机器人增加眼睛。大模型的多模态能力让机器人不仅能看见，也能看懂。比如当看见桌上有一个苹果的时候，机器人不仅能识别出来那是一个苹果，还能基于苹果的知识进行推理，比如把苹果放到冰箱里可以防止坏掉等。这种能力使机器人能够更准确地识别和理解环境中的各种信息，从而更好地执行任务。

第三，大模型给机器人增加大脑，让机器人可以自己规划要执行的任务。这主要是利用多智能体架构，增强机器人的逻辑推理能力。比如本节后面演示的 Figure 01 机器人，人类没有直接给它下指令说"给我一个苹果"，而是说"我可以吃点儿什么吗"。机器人会看到桌子上有一个苹果，它判断苹果是人类能吃的，就会把苹果拿起来递给人类。这就相当于让机器人有了可以思考、推理的大脑。

第四，也是最难的，大模型可以改善机器人对运动的控制，让机器人更像人类。与前面刚刚介绍的自动驾驶的例子一样，大模型可以极大改善机器人对运动的控制。机器人的手臂和腿脚如何运动是一个用规则解决不了的复杂问题。现在通过大模型的序列预测方法，就可以让机器人直接学习人类动作，比如怎么叠衣服、怎么冲咖啡，从而快速完成人类下达的行动指令。

图 4-3 更直观地展示了上述这些变化。

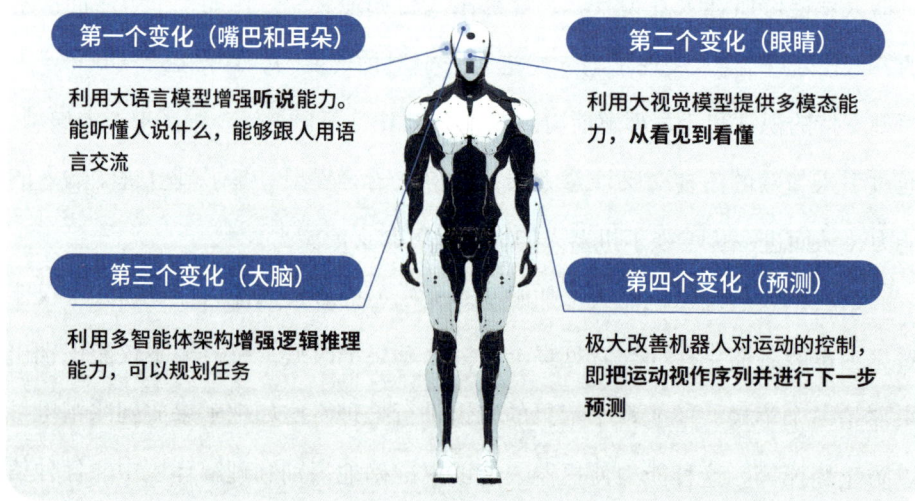

第一个变化（嘴巴和耳朵）

利用大语言模型增强听说能力。能听懂人说什么，能够跟人用语言交流

第二个变化（眼睛）

利用大视觉模型提供多模态能力，从看见到看懂

第三个变化（大脑）

利用多智能体架构增强逻辑推理能力，可以规划任务

第四个变化（预测）

极大改善机器人对运动的控制，即把运动视作序列并进行下一步预测

图 4-3　大模型应用前景二：促进具身机器人产业加速发展

　　总之，大模型的加持会使具身机器人在听说、多模态理解、逻辑推理和运动控制等方面发生根本性变化。这些变化不仅能提升机器人的智能水平，也能为其广泛应用奠定基础，从而推动整个产业实现加速发展。

具身智能成为新风口，有灵魂的机器人已在路上。

　　过去，可能有人认为人形机器人就是一个笑话，但是现在大家不这么看了。我预测大概在 3 ～ 5 年之后，机器人，包括家用机器人产业会充分发展起来。我们可以看一段视频，体会一下机器人具备了推理、规划和行动能力之后会是什么样子。

视频展示　**Figure 01机器人**

▶ 视频 4-6　Figure 01 机器人能听懂人说什么并与人交流，能看懂物理世界，
　　　　　还可以规划任务

扫码看视频

视频文字版

　　人类：嘿，Figure 01，你现在看到了什么？

　　Figure 01：我看到桌子中央的盘子里有一个红苹果，一个放杯子和盘子的沥水架，还有你站在旁边，手放在桌子上。

　　人类：好的，我可以吃点儿什么吗？

　　Figure 01：当然可以。（Figure 01 拿起盘子里的苹果，递给了人类。）

　　人类：（拿出一个盛着垃圾的筐，把垃圾倒在了桌子上）你可以一边捡起这些垃圾，一边给我解释一下你刚才做了什么吗？

Figure 01：我给了你苹果，因为这是桌子上唯一可以吃的东西。

人类：好的，那根据现在的场景，你觉得这些餐具接下来要放到哪里？

Figure 01：桌子上的餐具，比如那个盘子和杯子，可能要放进沥水架。

人类：好的，你能把它们放在那里吗？

Figure 01：当然可以。

人类：好的，你觉得你做得怎么样？

Figure 01：我觉得我做得挺好。苹果找到了新主人，垃圾不见了，餐具也放到了该放的地方。

人类：我同意，谢谢你，Figure 01。

Figure 01：不客气，如果你还需要什么帮助，尽管告诉我。

Figure 01 机器人简介

Figure 01 机器人是由 Figure 公司与 OpenAI 合作开发的机器人产品，于 2024 年 3 月 13 日发布。这款机器人被认为是世界上第一款具有商业可行性的自主型人形机器人，代表了机器人技术的重大进步。

Figure 01 机器人身高约 1.7 米，体重约 60 千克，可承载 20 千克货物，采用电机驱动，每秒可行走 1.2 米，可自主工作 5 小时。它具备自主行为能力，能够与人类进行对话，理解人类的语音指令和语义，并执行相应的任务。此外，Figure 01 还展示了其识别、计划和执行任务的能力，能够与人类和环境互动。

Figure 01 采用"端到端"的深度学习神经网络架构，集成了 OpenAI

先进的 AI 视觉语言模型，能够识别人类语音指令，理解语义和情感，做出推理并生成相关的响应。Figure 01 还具备自主纠错的能力，如果任务执行过程中出现问题，它可以自行调整并继续完成任务。

Figure 01 的主要应用场景是仓库货物搬运，但其设计目标是能够胜任更广泛的工作，包括在制造过程中承担各种复杂、危险或重复性的任务。Figure 公司计划在宝马位于美国南卡罗来纳州的斯帕坦堡工厂部署 Figure 01，初期将专注于五项特定的薄板金属处理任务。

Figure 01 的问世标志着具身机器人技术的一次重大突破，不过其仍存在一定局限性。2024 年 8 月，新一代 Figure 02 发布，在语音交互、推理能力、机械装置、电池续航等多个方面取得了显著的进步。

随着技术的不断进步，未来，具身机器人必将在工业和社会中发挥越来越重要的作用。

> **Figure 01 机器人能听懂人说什么并与人交流，能看懂物理世界，还可以规划并完成任务。**

4.4.3　大模型科技能力三：为生物、医学研究带来革命性变化

大模型的第三个应用前景是可以为生物和医学研究带来革命性的变化。大模型把人类的文字看成字符序列，把声音看成声波频率序列，把图像看成点阵或者像素序列。类似地，在生物和医学研究领域，蛋白质的结构、新药

的构成成分也可以看成序列，人类的基因也是碱基对的序列。在大模型看来，只要能把科学研究的对象变成某种已知序列，通过推理预测新的序列，就能提高研究的效率。

谷歌 DeepMind，就是开发出 AlphaGo 并在 2016 年击败围棋世界冠军李世石的公司，也推出了 AlphaFold。基于深度学习和大模型技术，AlphaFold 能够准确预测蛋白质的三维结构，极大地推动了生物医学研究和药物开发。AlphaFold 的核心原理，就是通过输入蛋白质的氨基酸序列，解析其二级结构及三级结构，从而生成高度准确的蛋白质三维模型。

2021 年 7 月 15 日 *Nature* 杂志发表的文章 "Highly Accurate Protein Structure Prediction with AlphaFold"（《利用 AlphaFold 进行高度准确的蛋白质结构预测》）写道："蛋白质对生命至关重要，了解它们的结构可以促进对其功能的机制性理解。经过大量的努力，研究人员已经确定了大约 10 万种独特的蛋白质结构，但这仅占已知数十亿蛋白质序列中的一小部分。"

也就是说，过去 50 年里，人类仅仅积累了 10 万量级的蛋白质结构。而 AlphaFold 在短时间内就预测了 2 亿种蛋白质结构。过去，生命科学家要花好多年研究一种蛋白质结构，如果成功，甚至有可能因此获得诺贝尔奖。现在，AI 居然把上亿种蛋白质结构给算出来了。我们都知道了，2024 年诺贝尔化学奖颁给了 AlphaFold 团队，以表彰其在蛋白质结构预测方面的贡献。应该说，这个奖项的授予具有深远的意义。

未来，在对人类疾病的攻克、新药的研究和人类本身基因的研究方面，大模型的大数据处理能力和生物学结合，一定会带来新的突破。正是基于 AI 对生物、医学领域将产生的巨大推动作用，才有人预测人类要真正进入长寿时代了。

图 4-4 总结了 AI 与生物、医学研究的联系。

- **生物学研究本身需要AI的赋能：** 如AlphaFold用于蛋白质结构研究，为生物医学研究和药物开发带来革命性变化
- **AGI的未来发展面临生物学瓶颈：** 如人脑智能的生物学机制
- **AI的突破需要生物学和计算机的结合：** 深度学习之父欣顿研究人脑机制；GPT的成功也是学科融合的成功

图 4-4　大模型应用前景三：为生物、医学研究带来革命性变化

AlphaFold 用于蛋白质结构研究，为生物医学研究和药物开发带来革命性变化

AlphaFold 简介

AlphaFold 是由谷歌 DeepMind 开发的一种基于深度学习的蛋白质结构预测模型，旨在通过氨基酸序列预测蛋白质的三维结构。该模型自 2018 年开始研究，并在 2020 年取得了显著的突破，被广泛认为是解决蛋白质折叠问题的关键技术。

AlphaFold 的核心原理是利用深度神经网络解析蛋白质的一级结构（氨基酸序列），进而预测其二级结构（如 α- 螺旋和 β- 折叠）和三级结构（完整的三维结构）。它通过输入蛋白质的氨基酸序列，解析其二级结构及三级结构，从而生成高度准确的蛋白质三维模型。

AlphaFold 在多个领域展示了其巨大的应用潜力。例如，在生物医药领域，它能够预测蛋白质与其他分子（如 DNA、RNA、小分子等）的相互作用，从而帮助科学家理解疾病机制并开发新的药物。此外，AlphaFold 还在农业领域发挥重要作用。通过解析植物的蛋白质结构，科学家可以培育出对环境压力有更强耐受力的新品种。

AlphaFold 的最新版本 AlphaFold 3 在 2024 年发布，进一步提高了预测准确度并扩大了预测范围，能够预测几乎所有生命分子（包括蛋白质、DNA、RNA、配体等）的结构和相互作用。AlphaFold 3 的预测准确度显著提升，对于一些重要的相互作用类别，预测准确度甚至提高了一倍。

AlphaFold 不仅在蛋白质结构预测方面取得了重大突破，而且还通过其高效的计算能力和广泛的适用性，为科学研究和实际应用提供了强大的支持。

AlphaFold 3 再次登上 *Nature* 封面

自 AlphaFold 2021 年 8 月首次登上 *Nature* 杂志封面之后，2024 年 6 月 13 日，AlphaFold 3 的相关报道再次登上 *Nature* 杂志第 630 卷第 8016 期（Volume 630 Issue 8016, 13 June 2024）封面。

以下是封面文章的内容提要："复杂系统：自 2018 年首次发布以来，AI 工具 AlphaFold 及其 2021 年的升级版 AlphaFold 2 掀起了一场生物学革命，使研究人员能够预测和建模蛋白质的三维结构。在本周的刊物中，谷歌 DeepMind 和 Isomorphic Labs 的团队推出了最新版本——AlphaFold 3。

借助对 AlphaFold 2 深度学习架构的显著改进，AlphaFold 3 现在能够准确建模蛋白质与其他生物分子（包括离子，小分子和 RNA、DNA 等核酸）的相互作用。团队指出，新模型可以预测几乎所有蛋白质数据库中生物分子类型的复合物结构。研究人员认为，这种建模相互作用的能力将有助于增进对生物过程的理解，并可能推动药物开发。"（以上内容提要摘自 *Nature* Volume 630 Issue 8016 主页。）

据 AlphaFold 数据库官方网站，"AlphaFold 数据库提供了超过 2 亿种蛋白质结构预测的开放访问权限，以加速科学研究"（图 4-5）。

蛋白质结构数量

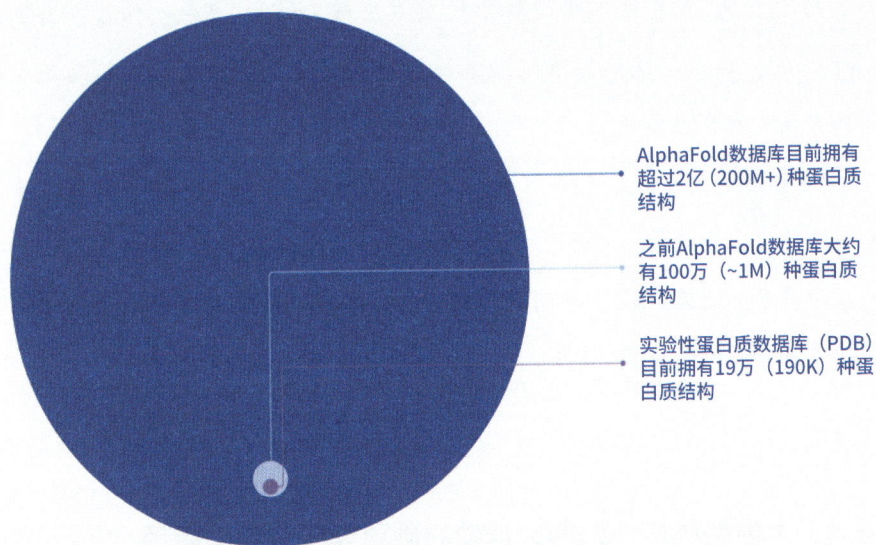

AlphaFold数据库目前拥有超过2亿（200M+）种蛋白质结构

之前AlphaFold数据库大约有100万（~1M）种蛋白质结构

实验性蛋白质数据库（PDB）目前拥有19万（190K）种蛋白质结构

图 4-5　AlphaFold 蛋白质结构数据库中的蛋白质结构数量（图片来源：DeepMind 研究文章 "AlphaFold Reveals the Structure of the Protein Universe"，发表于 2022 年 7 月 28 日）

DeepMind 简介

DeepMind 是一家位于英国伦敦的 AI 公司，成立于 2010 年，由德米斯·哈萨比斯（Demis Hassabis）、穆斯塔法·苏莱曼（Mustafa Suleyman）和沙恩·莱格（Shane Legg）等人联合创立。2014 年，DeepMind 被谷歌收购，成为 Alphabet 公司的一家子公司。

DeepMind 的核心目标是通过理解和模拟人类智能，推动 AI 的发展。公司致力于开发 AGI，希望这些技术能够在多个领域产生积极影响，包括医疗、科学研究和游戏等。

DeepMind 在多个领域取得了显著的成就，尤其是在围棋和蛋白质折叠研究方面，其开发的 AlphaGo 程序在 2016 年击败了围棋世界冠军李世石，标志着 AI 在复杂策略游戏中的重大突破。随后，DeepMind 推出了 AlphaFold，这一系统能够准确预测蛋白质的三维结构，极大地推动了生物医学研究和药物开发。

DeepMind 的研究涵盖多个领域，包括深度学习、强化学习、计算机视觉和自然语言处理等。公司通过将机器学习与神经科学相结合，开发出强大的学习算法，旨在解决复杂的科学问题。随着技术的不断进步，DeepMind 希望能够为人类社会带来更大的益处，推动科学发现和技术创新。

4.4.4　大模型科技能力四：帮助基础科学研究突破瓶颈

大模型的第四个应用前景是，它会成为人类科学家进行基础研究最有力的工具。目前在基础科学领域，AI 正成为人类科学家研究和发明的得力工具。曾获得菲尔兹奖的数学家陶哲轩（Terence Tao）在解决数学难题时使用了 GPT-4，并且表示该模型为他提供了最终的解题思路。大模型如果能够在数学、化学、物理等基础学科方面成为科学家的重要工具，对基础科学的研究将产生意想不到的推动作用。实际上，这也是世界各国对 AI 非常重视的一个原因。

现在流行的 AI for Science，即 AI 驱动的科学研究，主旨就是要让 AI 成为人类科学家最有力的研究工具。AI for Science 被视为"赋能科学发现的第五范式"。那么，迄今为止人类科学发现都有哪些范式呢？计算机科学家、图灵奖得主吉姆·格雷（Jim Gray）对科学发现的四个基本范式做了总结，我们可以简单了解一下。

第一个范式是经验范式，关键词是"观察"，时间分界点是 1600 年。这一范式强调通过实验和观察来获取数据和知识。科学家通过实验来验证假设和理论，积累经验。例如，早期的实验科学包括钻木取火等基础实验。

第二个范式是理论范式，关键词是"归纳"，时间分界点是 1950 年。这个范式基于实验数据进行归纳总结，形成理论模型。科学家通过抽象和简化实验条件、建立数学模型来解释自然现象，如牛顿的运动定律。

第三个范式是计算范式，关键词是"计算"，时间分界点是 2000 年。随着计算机技术的发展，科学研究逐渐依赖计算机进行模拟和仿真。科学家利用计算机的计算能力进行复杂的理论推演和实验模拟，推动了科学研究的深入。比如通过有限元或者有限差分方式求解流体方程，帮助人类对天气进行精准预测。

第四个范式是数据驱动的范式，关键词是"发掘"，时间分界点大概是 2009 年。数据科学强调从海量数据中发掘规律，而不单纯依赖传统的因果关系。随着大数据和 AI 的发展，科学研究开始利用数据分析技术和 AI 来发现新的科学规律，并进行预测。

现在，大模型出来以后，大家开始关注的一个新范式，就是 AI for Science。它是前四个范式的有机结合，发挥了经验和理论各自的特长，又把 AI 和计算科学融合在一起。AI for Science 代表对科学发现更全面的认知，因此我们称之为科学发现的第五范式。

图 4-6 总结了 AI 与基础科学研究的联系。

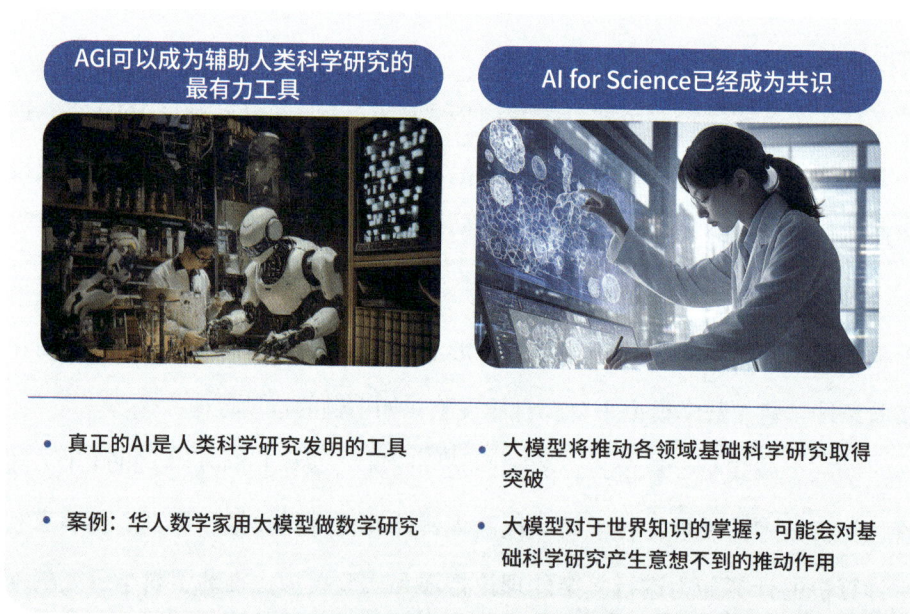

AGI可以成为辅助人类科学研究的最有力工具	AI for Science已经成为共识
• 真正的AI是人类科学研究发明的工具	• 大模型将推动各领域基础科学研究取得突破
• 案例：华人数学家用大模型做数学研究	• 大模型对于世界知识的掌握，可能会对基础科学研究产生意想不到的推动作用

图 4-6 大模型应用前景四：帮助基础科学研究突破瓶颈

AI for Science 方兴未艾

　　AI for Science 是一个旨在利用 AI 技术推动科学研究的倡议和活动，其起源可以追溯到 2018 年，当时微软的一位数据科学家领导成立了全球研究团队，启动了微软的"地球人工智能计划"（AI for Earth）。这一概念在随后几年得到了进一步的发展和推广。

　　在国内，2023 年 3 月，科技部会同自然科学基金委启动"人工智能驱动的科学研究"（AI for Science）专项部署工作，紧密结合数学、物理、化学、天文等基础学科关键问题，围绕药物研发、基因研究、生物育种、新材料研发等重点领域科研需求展开，布局"人工智能驱动的科学研究"前沿科技研发体系。

　　2023 年 8 月，北京科学智能研究院等组织联合发布的《科学智能（AI4S）全球发展观察与展望》（2023 版）概括了 AI for Science 的快速发展和流行："……AI 求解薛定谔方程、AI 求解控制论方程、AI 加速分子模拟、AI 预测蛋白结构、AI 赋能药物和材料设计……AI for Science 的发展已然超出了我们的预期。""从学界到业界，从产业到政府，从生命科学的 RFDiffusion 到化工领域的 Open Catalyst，到材料科学的 Uni-Mol，各行各业的优秀 AI for Science 应用正在加速涌现，AI for Science 已成燎原之势。"

　　国际上，2023 年 5 月，美国能源部联合六大美国国家实验室发布了《科学、能源和安全领域的人工智能前沿研究方向》（*Advanced Research Directions on AI for Science, Energy, and Security*）专题报告（见图 4-7），旨在推动 AI 在科学、能源和安全领域的应用，强调了 AI 与传统科学研究方法的融合，推动科学研究的转型和创新。

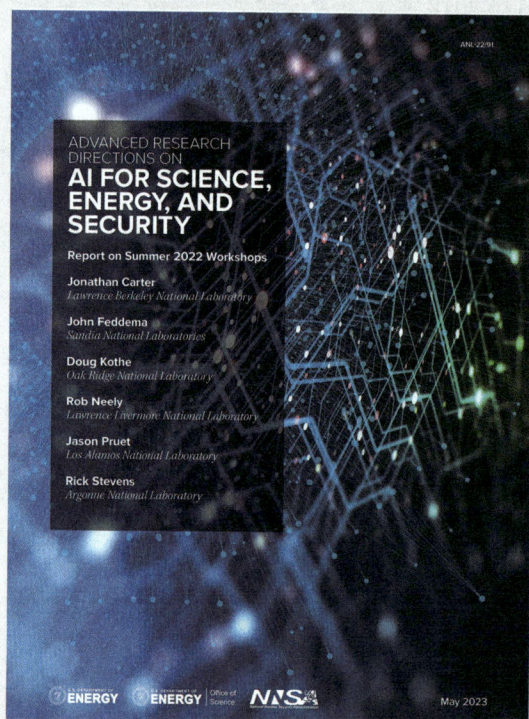

图 4-7　美国能源部联合六大美国国家实验室发布 AI 驱动的科学、能源和安全专题报告
（图片来源：美国阿贡国家实验室网站）

2023 年 7 月，埃隆·马斯克宣布成立新的 AI 公司 xAI，公司使命是"理解宇宙"（Understand the Universe）："xAI 是一家致力于构建人工智能以加速人类科学发现的公司。我们的使命是推动人类对宇宙的共同理解。"

同月，微软成立 AI for Science 部门 "Microsoft Research AI for Science"，旨在 "赋能科学发现的第五范式"（AI4Science to empower the fifth paradigm of scientific discovery）。该部门在其主页上称："我们相信深度学习将在自然科学领域产生革命性影响。这种影响可能会非常深远，从新药的发现到绿色能源的设计，极大地提高我们在不同空间和时间尺度上建模和预测自然现象的能力。"

赛诺菲（Sanofi）是一家总部位于法国巴黎的全球领先的跨国制药和医疗保健公司，成立于 1973 年，业务遍及 90 多个国家和地区，员工超过 91 000 人。2023 年 6 月 13 日，赛诺菲宣布 "All in AI"（全力投入 AI）："我们的目标是成为首家大规模运用人工智能的制药公司……人工智能和数据科学的应用，已经在加速药物发现、优化临床试验设计，以及改进药品和疫苗的制造和供应。"

2024 年 5 月，英国皇家学会发布了名为 *Science in the Age of AI*（《AI 时代的科学》）的报告，探讨了 AI 如何改变科学研究的本质和方法。报告讨论了 AI 技术，尤其是深度学习和大语言模型如何转变科学研究的性质和方法，强调了 AI 在提高研究效率、准确性和创造力方面的潜力，描述了 AI 在医学、材料科学、机器人技术、遗传学和计算机科学等领域的应用。该报告的主要结论是：尽管 AI 为科学研究带来了巨大的潜力和机会，但同时也带来了一系列挑战，特别是在研究的可重复性、跨学科合作和伦理方面。该报告呼吁科学界和政策制定者共同努力，解决这些挑战，并确保 AI 的应用能够造福人类和地球。

AI for Science 不仅是一个科学研究的新范式，也是未来科技革命的重要推动力量。它通过整合各方资源，推动科学研究与产业应用的深度融合，不断开拓创新，延展科技前沿。

我们能够享受今天的美好生活，正是因为一个世纪以前有很多物理学家在物理学的基本原理研究上取得了重大突破。之后，人类才有了晶体管、集成电路，才有了今天的计算机、互联网和智能手机。但是最近 50 年，人类在基础科学上一直难有重要突破，如果不能实现突破，那么人类所设想的星际旅行或者可控核聚变也很难取得成果。如今，有了大模型加持，人类基础科学研究即将驶上快车道，让我们拭目以待。

4.4.5 大模型科技能力五：反向解决能源自由问题

大模型还有一个值得关注的应用前景，就是解决能源自由问题。我们都知道，能源问题是未来 AI 发展最大的瓶颈。训练一个大模型的功耗可能达到吉瓦级别甚至更高（1 吉瓦等于 10 亿瓦）。一般来说，模型的参数量越大，消耗的电能就越多。GPT-3 拥有 1750 亿参数，GPT-4 拥有 1.76 万亿参数，约是前者的 10 倍。据估算，GPT-4 的训练成本大约是 6300 万美元。而相对这些大模型，下一代超级通用大模型的语言理解和生成能力如果想获得质的飞跃，同时在多模态处理、上下文理解等方面都有大幅提升，那么它的参数量级可能是非常恐怖的，届时训练所消耗的能源也将难以想象。

在推理方面，我们人脑的能力虽然比大模型差，但是功耗只有 15 瓦到

20 瓦。根据国际能源署的数据，ChatGPT 每响应一次用户请求平均耗电 2.9 瓦时，相当于点亮一个 60 瓦的灯泡约三分钟，几乎是谷歌平均搜索耗能的 10 倍。假设 ChatGPT 每天要响应约 2 亿次用户请求，据此估算，每天消耗超过 50 万千瓦时的电力，相当于近 2 万个美国家庭平均一天的用电量。按照一年 365 天计算，ChatGPT 每年至少消耗 1 亿 8250 万度电，按照我国一般商业用电估算，光是电费就要花大约 2 亿元人民币。

为了寻求 AGI 的突破，OpenAI 等公司正在不断增加模型的规模和算力投入。OpenAI 首席执行官萨姆·奥尔特曼在 2024 年初提出了一个雄心勃勃的 7 万亿美元计划，目标是改造全球半导体产业，推动 AGI 发展。2023 年全球 GDP 总量约为 105.4 万亿美元，7 万亿美元约相当于全球 GDP 总量的 6.6%，约为 2023 年整个半导体市场总收入的 13 倍。这笔资金足以收购半导体行业的主要公司。

AI 的飞速发展导致未来数据中心用电需求呈指数级增长。与此相对，现在也有一个重要的方向，那就是用 AI 来帮助人类解决能源问题。

AI 在能源研究中的作用主要体现在数据分析建模、模拟预测、自动化实验和协作与创新等方面。比如，大模型能够处理和分析大量复杂数据。通过机器学习算法，研究人员可以更好地理解核聚变反应的复杂性，优化实验条件，提高实验效率。同时，大模型也使得实验过程的自动化成为可能。通过智能控制系统，实验设备可以根据实时数据调整参数，自动优化实验条件，提高成功率。AI 还可以模拟核聚变反应过程，预测不同条件下的反应结果。这种能力使得科学家能够在实际实验之前进行多次虚拟实验，从而节省时间和资源。最后，AI 不仅帮助科学家解决具体的技术问题，还促进了跨学科的合作。通过 AI 平台，物理学家、工程师和计算机科学家可以共同工作，推动核聚变研究的进展。

当前，AI 在能源研究领域的应用正在快速发展，尤其是在可控核聚变的研究中，AI 的辅助作用已经取得了显著的突破。比如，美国劳伦斯利弗莫尔国家实验室"国家点燃实验设施"（National Ignition Facility，NIF）的最新实验，首次实现了聚变产出的能量大于激光输出的能量，即聚变反应产生的能量超过所消耗的能量。这是对聚变研究具有重要历史意义的象征性突破，被视为未来清洁能源研究的里程碑式跨越。

图 4-8 总结了 AI 与能源自由问题的联系。

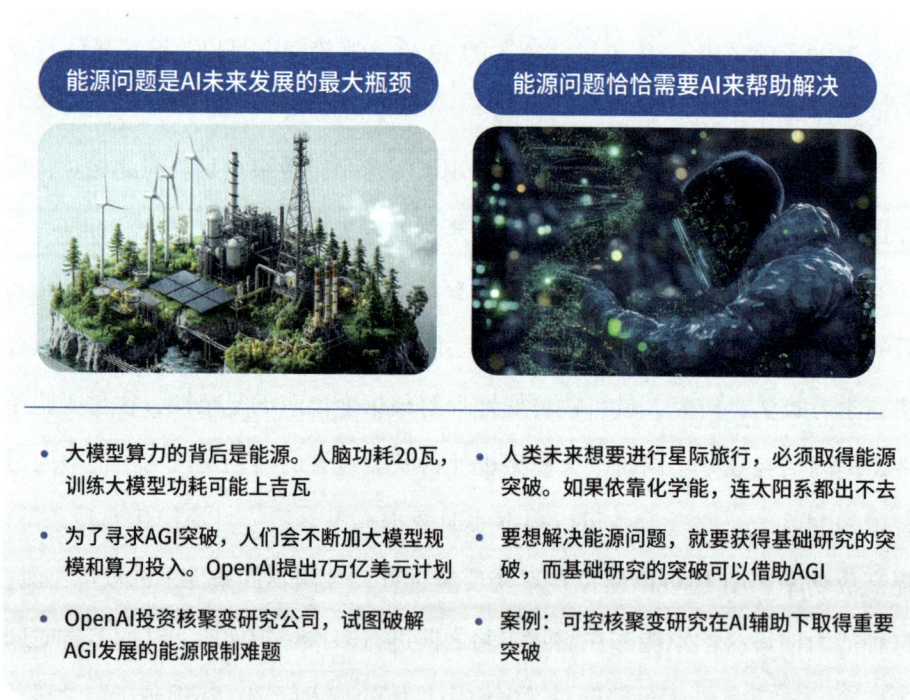

能源问题是AI未来发展的最大瓶颈

能源问题恰恰需要AI来帮助解决

- 大模型算力的背后是能源。人脑功耗20瓦，训练大模型功耗可能上吉瓦
- 为了寻求AGI突破，人们会不断加大模型规模和算力投入。OpenAI提出7万亿美元计划
- OpenAI投资核聚变研究公司，试图破解AGI发展的能源限制难题

- 人类未来想要进行星际旅行，必须取得能源突破。如果依靠化学能，连太阳系都出不去
- 要想解决能源问题，就要获得基础研究的突破，而基础研究的突破可以借助AGI
- 案例：可控核聚变研究在AI辅助下取得重要突破

图 4-8 大模型应用前景五：反向解决能源自由问题

我在这里只是分享这些观点和趋势。我并不是这些方面的专家，但我希望让大家对大模型科技能力的未来应用前景有一个清晰的认知。

不要一提起大模型就认为它只是一个聊天机器人，或者一个玩具，一个帮助我们写文章、做 PPT 的工具。如果人类发明大模型只能解决这些问题，那大模型的意义就没有那么大了。事实上，正如前面所介绍的大模型的未来应用前景，无论在自动驾驶、具身智能、生物医药，还是基础科学研究，抑或是能源领域，大模型都将成为人类的得力助手，与人类共同推动这些领域的巨大变革。

02

产业观
大模型将引领新工业革命

第 5 章

大模型是新质生产力的驱动引擎，将引发新一轮工业革命

5.1   大模型不是泡沫，将引领新一轮工业革命

迄今为止，人类社会已经经历了三次工业革命，即蒸汽革命、电气革命和信息革命。这几次工业革命，每一次都带来了深刻的社会变革和生活方式的改变。当下，我们正处在以大模型为代表的人工智能革命时代，大模型会席卷每个行业，但并不是摧毁每个行业，而是将重塑每个行业。

我们可以简单回顾一下过去的三次工业革命，每次工业革命都会经历炒作期、冷静期，然后逐渐渗透千行百业，融入社会生活，最终重塑人类社会结构，推动人类社会进步的过程。

第一次工业革命以蒸汽机的发明和应用为标志，推动了机械化生产的发展。这一时期，英国率先实现了从手工劳动向工厂生产的过渡，极大地提高了生产效率，标志着人类从农业时代进入了工业时代。然而，蒸汽机的应用也带来了社会动荡和城市化问题，人们从农村迁移到城市，生活节奏加快，社会结构也发生了巨大变化。

第二次工业革命以电力的广泛应用和大规模生产为特征。但是在历史上，电力在刚引入工厂之后并没有比蒸汽机创造更高的生产力。大概过了 30 年，分布式电源改造了车间布局，组装系统出现，才开始了生产力的飞跃。电力和大规模生产技术的广泛应用，极大地解放了生产力，推动了人类社会进入电力时代。

第三次工业革命以计算机和互联网的广泛应用为标志，推动了自动化和信息化的发展。这一时期，个人计算机和互联网的普及，极大地改变了我们的生产方式和生活方式。然而，信息革命也带来了就业结构的变化和技能需

求的转变，还带来了"互联网泡沫"。不过，正是泡沫散尽的互联网经过快速发展，加上超级计算机和大数据的出现，才孕育出当前的这一轮 AI 浪潮。

图 5-1 总结了大模型的深远影响。

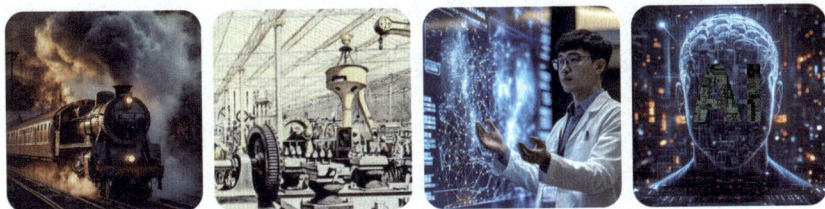

- 英伟达市值首次跃升至全球第一，标志着AI时代的正式到来
- AI是新质生产力的关键支撑技术，AI+千行百业将带动新一轮工业革命，为高质量发展注入强大动能
- 大模型的进一步突破将引领人类社会进入智能时代，我们的生活方式、生产方式将发生巨大变革

图 5-1　大模型不是泡沫，而是新一轮工业革命的驱动引擎

现在的大模型和当初的蒸汽机、电力、互联网一样，肯定是有价值的。只不过我们目前还只在摘取"低垂的果实"。这就导致有些人会认为媒体夸大了大模型的价值，认为大模型出现了泡沫。就像互联网刚刚兴起的时候，所有互联网公司都不赚钱，只有卖网络硬件的公司赚得盆满钵满，结果就产生了一轮互联网泡沫。中国当时上市的几大门户网站公司的股价都在 1 美元以下，这曾让很多人对互联网失去了信心。

今天的大模型会重蹈覆辙吗？现在的硅谷大公司，训练模型的投入越来越大。据说OpenAI和谷歌未来几年的训练预算会达到200亿美元。在算力上，据说微软和OpenAI要打造一款叫"星际之门"的超级计算机，也将是全世界最大的超级计算机，耗费或将达到千亿美元。为此，硅谷也有人质疑大模型商业闭环的路径到底在哪里。

在这样的背景下，越来越多的媒体和投资机构展开了激烈讨论。有高盛的分析师认为，大模型目前根本没有赚到大钱，"杀手级"应用尚未出现，未来十年AI经济的上升空间其实有限。与此同时，红杉资本的分析师发文说，AI基础设施的巨额投资和大模型生态实际收入之间的鸿沟已经大到不可思议。大模型行业每年需要赚6000亿美元来支付巨额的硬件投入。唯一可以肯定的是，在大量的泡沫和炒作之中，赚钱最多的就是英伟达了。

我对上述观点部分认同，部分不认同。

第一，互联网当年确实经历过泡沫破碎的低谷期，但事实证明泡沫散尽之后的互联网发展大放异彩。当今的腾讯、阿里这些万亿市值级别的科技龙头公司，都是在互联网基础之上发展起来的。至于大模型到底是不是泡沫，归根结底还是要看大模型是不是真的在技术上实现了前所未有的突破，是不是真的能为社会创造价值。

第二，当前这次AI浪潮的时间还太短，国际和国内大模型产业还在高速发展过程中，版本迭代、推陈出新的节奏仍然很快，"杀手级"应用的出现还有待时日。可以说目前一切尚未尘埃落定，大家仍然需要一些耐心。

第三，现在硅谷花这么多钱来训练大模型，恰恰验证了我的一个观点，那就是中国不能走这条路。中国企业还是应该坚定地走用百亿模型加上高密度、高质量行业、企业数据，在专有场景中落地，快速提升生产力这条路。

如果中国的企业家都能认同我的第三个观点，那中国在 2025 年可能会出现"万模大战"。这一万个行业、场景、专业模型能够真正对中国的千行百业发挥重要作用。对内可以改善企业管理、优化业务流程，对外可以提升客户服务和产品体验。用这个思路来做，我们在 AI 的投入上会比硅谷少很多，但是很快就能看到收益。到时候大模型与各个行业、企业结合，也就是"人工智能 +"取得成效，同样能够"积小胜为大胜"。

大模型不是泡沫，但是在大模型的发展和落地方面，我们也不应该被OpenAI 牵着鼻子走。换句话说，不要像硅谷那些公司一样，都去卷算力、卷数据、卷万亿甚至十万亿参数的大模型。我们应该逆向思考，思考一下怎么让大模型在我们中国不成为泡沫，不止于炒作，而是真正为政府、为企业实实在在地发挥作用。这是值得我们所有人思考的。

大模型会席卷每个行业，但并不是摧毁每个行业，而是将重塑每个行业。

5.2 "人工智能 +"首次写入政府工作报告，大模型必将成为新质生产力的驱动引擎

2024 年，"人工智能 +"行动被专门写入了政府工作报告。"人工智能 +"从某种意义上看其实就是"大模型 +"，因为 AI 发展了近 70 年，最有可能真正实现智能突破的技术就是大模型。我们有一个政策叫"互联网 +"，站在产

业的角度上，实际上就是做产业互联网。所谓产业互联网，就是用互联网技术帮助传统产业转型升级，也就是"智改数转"：智能化改造、数字化转型。那如何理解今天的"人工智能＋"这个国家战略呢？我们的理解就是用 AI 帮助中国的传统产业，特别是制造业、现代工业转型升级。为此，国家同时也提出来要打造新质生产力，我们认为 AI 是打造新质生产力的驱动引擎。

在这个大背景下，企业都应该拥抱 AI、拥抱大模型。

2024 年 3 月 5 日，我参加了第十四届全国人民代表大会第二次会议的开幕式，聆听了政府工作报告。报告内容翔实全面，多次赢得全场热烈的掌声。报告提出了"人工智能＋"的概念。我在 2023 年 4 月 12 日做过一场题为"人工智能引领新工业革命"的直播。那时候我提出，"互联网＋"应该变成"人工智能＋"，互联网思维应该变成人工智能思维。过去我们说"互联网＋"，未来应该说"人工智能＋"。过去我们讲互联网思维，今后我们可能要讲人工智能思维，或者叫 GPT/ 大模型思维。回过头来看，我应该是少数几个在行业里率先提出"人工智能＋"这个概念的人之一。所以，当我在政府工作报告里看到"人工智能＋"的提法时，我有很大的成就感。"人工智能＋"从我提倡的一种思维变成了一种行动，这意味着国家将加强顶层设计，加快形成以 AI 为驱动引擎的新质生产力。

我作为 AI 行业的一名创业者，更加责无旁贷，特别是应在"人工智能＋"的安全方向上继续深耕。

我在 2024 年全国两会上有一个提案，建议不是抽象地去打造 AI 大模型，而是把 AI 大模型看成一种赋能的技术，让它赋能千行百业，进入千家万户。这样才能真正从各个应用场景上跟传统行业的"智改数转"相结合，才能更好地实现新型工业化和工业互联网，包括帮助现代制造业更好地发展和应用 AI 技术。政府工作报告提出"人工智能 +"意味着国家意识到了 AI 是一场工业革命级别的创新，会对我国数字经济的发展带来巨大的推动作用。同时也说明，除了在通用大模型、超级大模型方面继续保持投入和研发，国家也重视大模型和 AI 的产业化、企业化、垂直场景化和应用化。就像当年"互联网 +"一样，网络无处不在，万物均可互联，在产业智能化的浪潮之下，我觉得 AI、大模型技术也会无处不在，会深入社会、经济、企业、城市、乡村的方方面面，成为人们工作、学习和生活中的"标配"。无处不在，随处可见，这是我心中"人工智能 +"的真正含义。

总体来说，大模型作为 AI 技术的重要组成部分，必将成为发展新质生产力的重要支撑。我们政府和企业必须拥抱 AI、拥抱大模型，才能应对当前中国经济动能转换的关键期所出现的问题。简单总结一下，就是"AI + 千行百业"将带动新一轮工业革命，为高质量发展注入强大动能。而大模型的进一步突破将引领人类社会进入智能时代，我们的生活方式、生产方式将因此发生巨大变革。

大模型必将成为新质生产力的重要支撑。

5.3 大模型引发新一轮工业革命需要一个深刻的变革过程

说到大模型如何引发新一轮工业革命，我想在这里分享一个故事。

2024 年 8 月，谷歌前首席执行官埃里克·施密特（Eric Schmidt）在斯坦福大学做了一次分享，在网上也可以找到分享视频。在把整个视频看完之后，我觉得其中最有价值的话题来自主持人、斯坦福大学教授埃里克·布林约尔松（Erik Brynjolfsson）。布林约尔松教授说，电力是一项根本性的重要技术，但是直到人们在工艺和组织上对其进行创新，重新思考如何生产，才得到巨大的回报。历史上，电力在引入工厂之后，并没有比以前的蒸汽机创造更高的生产力。大概过了 30 年，基于分布式电源改造的车间布局推动了组装系统的出现，才开始出现生产力的飞跃。我非常认同布林约尔松教授关于电力的这番话，其实把这番话中的电力替换为 AI 也是可以的。

斯坦福大学的研究人员研究了电力被首次引入工厂的情况。没有引入电力的工厂依旧靠蒸汽机运转，通常是在工厂中央有一台大型蒸汽机。注意，这就像大模型一样，如果规模很大的蒸汽机价格非常贵，那一个工厂通常只有一台蒸汽机，然后通过曲轴和皮带轮驱动所有的设备。所有设备都要尽量靠近蒸汽机，因为如果曲轴太长，会因为扭矩过大而断裂。这些工厂引入电力的时候，一般会拆掉蒸汽机，找一台大型电动机并把它放在蒸汽机原来的位置，然后连接它，启动它。但这并没有显著改善生产状况，也没有提高多少生产效率。于是他们开始找新的地点从头建设新的工厂。新工厂也和旧工厂一样，使用相同的车间布局，结果生产力还是没有太大的提高。当时人们就觉得很奇怪：电力这么重要的技术，难道只是昙花一现的泡沫吗？

此后大概过了 30 年，才出现了一种采用不同车间布局的新型工厂。在这种工厂里，集中式的中央动力源不见了，取而代之的是分布式动力系统。经过多年发展，电动机既可以做得很大，也可以做得很小，还可以把它们以不同的方式连接起来。这个时候，就可以给每台设备配备一台独立的电动机，称为单元驱动，而不是群组驱动。当开始采用单元驱动的时候，工厂的布局发生了变化。通常在一层楼的布局中，机器的摆放位置不再根据需要多少动力决定，而是根据其他的一些因素，比如物料流动和零部件组装的便利性。再之后，这些工厂开始采用装配流水线，促使生产效率大幅提升，有些情况下，生产效率翻倍，甚至达到原来的三倍。由此可见，电力并非昙花一现或者被过度炒作的技术，而是一项根本性的重要技术。只不过直到有了设备布局和生产流程的创新之后，电力的应用才得到巨大的回报。

当年蒸汽机从发明到应用同样也经历了几十年的滞后期，直到人们意识到这种技术可以做完全不同的事情，才得以盛极一时。大家想一想，这跟 AI、大模型的发展是不是很像？我一直说，大模型不是操作系统，全世界只有一个超级大模型，所有企业都靠这个大模型解决所有问题是不成立的。每家企业都需要有很多大模型，分别在不同的业务单元驱动业务。换句话说，大模型就像电动机一样，应该可大可小、可快可慢、可长可短，也可以隐身于很多业务系统的标准组件中，而且多个大模型也能够协作。

为此，我们必须思考，在未来的 5 ~ 10 年时间里，我们应该用什么样的架构创新、流程创新，包括把大模型和我们今天的业务系统、IT 系统组合在一起进行连接打通的创新，才能使得 AI 真正帮助传统企业提升生产效率，提高生产力。这个问题和大模型内部的创新一样重要，加速大模型在政府、企业中真正落地也是一种创新。

稍微总结一下，现在的 AI 和当初的电力、蒸汽机一样有价值，但是需要组织创新、流程创新、架构创新，才能真正拿到巨大的回报，这个过程可能会持续 5 ~ 10 年。目前大家都还在摘取容易摘到的"低垂的果实"，很多人着急看到所谓"杀手级"应用，看不到就对大模型、对 AI 产生怀疑。实际上，大模型要引发新一轮工业革命，需要一个深刻、长期的变革过程。对于这一点，大家必须有思想准备。

5.4　面对全球大模型产业之争，要打赢"三大战役"

大模型作为 AI 领域的前沿技术，已经成为全球科技竞争的焦点。大模型不仅是打造新质生产力的核心驱动引擎，更是衡量一个国家科技实力和产业竞争力的重要标准。在新一轮科技革命和产业变革中，大模型技术的战略地位日益凸显，它将深刻影响未来经济、社会、文化等各个方面的发展。我们必须认识到，要在全球大模型产业之争中取得胜利，就必须打赢"三大战役"。

1. 通用大模型之战。超级通用大模型的竞争已经成为全球科技革命和产业升级的新战场。这些模型正在以其前所未有的规模和能力，重塑 AI 的发展格局。当前，美国在 AI 领域正全面投入，对于后发国家来说，不发展就是最大的不安全。我们必须发挥举国体制优势，集中资源，加大研发力度，倡导开源，培养高水平人才，推动"产学研用"深度融合，加快超级通用大模型技术的创新和应用，打赢这场追赶之战。

2. 应用场景之战。我们必须认识到，大模型是能力，不是产品，能力结合场景才能真正发挥作用。中国拥有世界上最完整的产业链、最全的工业门类、最丰富的应用场景，这为我们提供了独特的优势。我们必须发挥场景丰富的优势，加速传统产业的智能化改造和数字化转型，打赢这场"弯道超车"之战。

3. 大模型安全之战。数字化技术皆为双刃剑，大模型的横空出世也带来了前所未有的安全挑战。大模型安全远超传统网络安全范畴，运用传统的安全手段已难以应对。我们必须应对大模型带来的安全新课题，铸造安全新基座，打赢这场未雨绸缪之战。

在接下来的几章中，我们将分别讨论如何打赢每一场"战役"。

第 6 章

通用大模型之战

6.1 中美通用大模型发展的总体差距

2023 年和 2024 年，我先后去了几次美国。我最大的感受是，美国各界正在"All in AI"，投资者非 AI 项目不投，创业者和大公司也都将自身业务与 AI 结合。美国把这次大模型发展视为产业升级的一次机会。因此，当很多人还在担心 AI 会带来各种社会问题，甚至有可能威胁人类安全的时候，我想说的只有一句话，那就是不发展才是最大的不安全。令人备受鼓舞的是，我国提出了"人工智能 +"，大力抢抓新一轮科技革命和产业变革机遇。在政策和市场的双重作用下，我国的 AI 产业正在迅速崛起，算法、算力、数据、应用等领域都取得了突飞猛进的发展。

在今天谈大模型，就不可避免地涉及中美竞争下的科技战。实事求是地讲，中国与美国在 AI 上的确存在差距，主要差距表现在两方面：一是算力芯片上的不足，二是国内存在的数据分割导致的训练数据质量问题。虽然有差距，但是我们也有不可忽视的优势：我国在大模型应用场景、市场规模和举国体制等方面优势巨大。我认为，大模型技术上的追赶难度要远远小于研发芯片和光刻机。

美国的优势主要是芯片优势、算力优势，当然还有高质量英文数据的优势。而我国的主要优势也很明显，我们有场景优势、市场优势和体制优势。场景优势主要源自我们作为制造业大国，产业链最完整，几乎可覆盖大模型的任何应用场景。市场优势就不必多说了，我们有着巨大的国内市场。人才方面，我们还有工程师红利。体制方面，我们有集中力量办大事的优势，可以通过举国体制，在某些领域实现超越。

面对差距，立足优势，我认为我们的追赶策略也很多，核心是发挥新型举国体制优势，统筹算力，打破数据割据，打造开源生态，让大模型企业形成分工合作。算力方面的劣势，可以通过举国体制、集中力量办大事来解决，包括避免资源分散、单池规模小和生态不开放等问题。

说到数据，我们知道现在中文网页的规模呈现出减少的趋势，而且质量也在变差。比如，一些网上的文章都是洗稿"洗"出来的，其中还有不少文字可能包含虚假信息。拿这些数据训练出来的大模型有用吗？或许对某些人有用，但是对做科学研究没有用。要训练大模型，并不是数据越多越好。如果用很多垃圾数据来训练，会让大模型变得很"傻"。大模型训练需要的是高纯度、高浓度、高水平的学术期刊、杂志、论文和书籍，越是读起来不容易的内容，越是形成知识的主力。在训练数据方面，我觉得可能需要国家集中资源做一些数据集。如果知识问题不解决，即使有了同样大的算力，通用大模型还是做不过别人。

关于人才，在之前的一次亚布力论坛上，与会企业家谈了一个问题，即国家可能要重新思考如何创造一个更加吸引人才的环境。不光是中国本地要培养人才，我们也要能够留得住人才，能够吸引更多的人才回国创业，积极加入 AI 领域的竞争。有了人才基础，其实我们在算法模型、工程化上并不落后。

另外，我建议发挥新型举国体制优势，一定要打破数据割据，同时要走开源之路。开源超过闭源已经被多次证明了。这个话题虽然有很多争论，但美国现在开源发展的成果是有目共睹的。中国也应该大力推动开源，实现技术、知识共享，最终实现科技平权、科技普惠。

虽然我们跟美国之间有差距，但假以时日，差距都是可以追平的。现在 OpenAI 已经选择了正确的方向、正确的架构，而且全世界都选择了这个架构。就像当初日本人确定的电动汽车策略是轻架构的混合动力（混动）技术，丰田就选择了混动策略。而特斯拉选择了纯电池架构，即生产纯电动车型。比亚迪先学习，先模仿，然后通过不断发展，在销量上超越特斯拉。比亚迪先当学生，再当同学，还可以当老师，也就是实现超越。

6.2 超级通用大模型之路应作为国家战略

发展超级通用大模型，就像造原子弹，应该作为国家战略，通过新型举国体制，由国家统筹，大企业分工合作形成合力。2024 年 9 月，OpenAI 发布 o1-preview，引发业内轰动。根据行业专家的观点，o1-preview 之所以性能更强，其方法本质上是思维链的自动化。通过思维链把一个复杂问题拆解成若干简单步骤，这有利于大模型解决复杂逻辑问题，但之前这个过程主要靠人工来完成。这种方法，可能会使得提示工程逐渐消亡，也就是说，所有复杂人工环节的自动化将成为大势所趋。

事实上，这种思想和方法并非 OpenAI 首创，更非独创。2024 年 7 月底的 ISC.AI 2024 大会上，我宣布了 360 用基于智能体的框架打造慢思考系统，从而增强大模型的慢思考能力。还是在这次大会上，360 发布了该方法的产物——CoE 架构及混合大模型。并且，该架构已经落地到了多个产品中，比如 360AI 搜索、360AI 浏览器。

值得一提的是，在大模型技术前沿，国内公司比 OpenAI 在开放协作的道路上走得更远，更"open"。比如，CoE 架构并非只接入了一家企业的模型，而是由 360 牵头，百度、腾讯、阿里、智谱、MiniMax、月之暗面等 16 家国内主流大模型厂商合作打造的，目前已经接入了这些企业的 54 款大模型产品，未来预计会全量接入 100 多款大模型产品。

更进一步的是，CoE 架构不仅接入了大模型，还接入了很多 10 亿参数甚至更小参数的专家模型，这使得整个系统更加智能。CoE 架构在实现"让最强的模型回答最难的问题"的同时，还能在回答简单问题时调用更精准的小模型，从而在获得高质量回答的同时，节约推理资源，提升响应速度。

CoE 架构和混合大模型没有止步于技术创新，而是比 OpenAI 更快一步地进入了实际应用领域。一方面，360 通过 CoE 架构，构建了国内首个大模型竞技平台——"模型竞技场"，目前已经入驻 360AI 浏览器，成为国内大模型领域的基础设施。在多模型协作模式下，用户可以从 16 家国内主流大模型厂商的 54 款大模型中任意选择 3 款大模型，进行多模型协作，以此实现比单个大模型回答问题好得多的效果。另一方面，CoE 架构还成为支撑 360AI 搜索的底层技术架构。正是全球领先的技术架构的支撑，加上和国内多家主流大模型厂商的通力协作，让 360AI 搜索能够在 2024 年 1 月诞生后八九个月的时间里，就超越 Perplexity AI。

有了上述多种底层技术创新，基于 CoE 架构的混合大模型在翻译、写作等 12 项指标的测试中取得了 80.49 分的综合成绩，超越了 GPT-4o 的 69.22 分；特别是在"弱智吧"和"诗词赏析"这类比较具有中文特色的问题上，该架构的领先优势更加明显。图 6-1 展示了相关评测的得分情况。

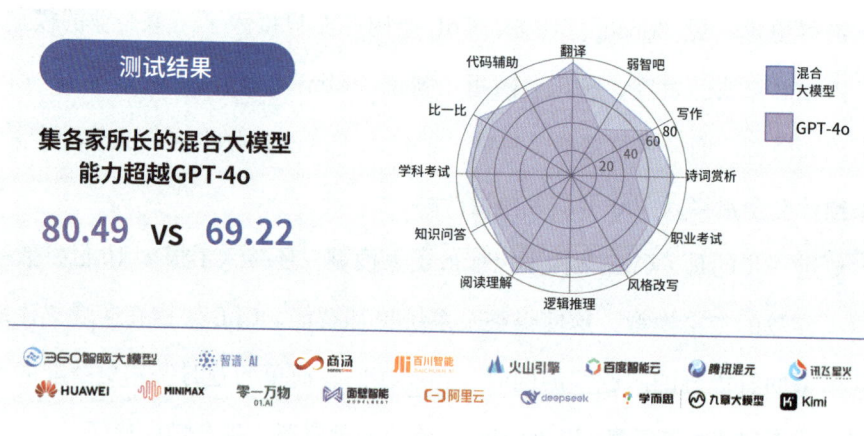

图 6-1　集结国内一流大模型的 CoE 系统能力超过 GPT-4o

下面我们通过一个视频来感受一下多模型协作的威力。

视频展示　**多模型协作与 GPT-4o**

▶ 视频 6-1　360AI 助手基于 CoE 架构在综合成绩上超过 GPT-4o

扫码看视频

视频文字版

选择 360AI 助手组队较量模式。多模型协作可任选不同大模型分别作为专家模型、反思模型、总结模型三类角色，还可随意切换、添加、对比不同模型。选择文心一言、360 智脑和豆包组队协作，选择 GPT-4o 作为对比。

提问：山河四省哪个省会的人口最多？（还错误地把"山河四省"打成了"三河四省"。）三个组队协作的大模型和 GPT-4o 同时进行回答，可以明显看到多模型协作的第一个回答速度比 GPT-4o 更快。GPT-4o 只是简单地给出了一个结论，说郑州是人口最多的城市，并且没有辨别出"三河四省"的错误。在三个协作的专家模型中，文心一言给出答案后，360 智脑分析答案的不足，并给出了建议。豆包进行总结，它给出了每一个城市的人口数，以及对应的表格展示，还给出了未来的趋势预测。从响应速度来看，360AI 助手的多模型协作速度更快、效率更高。

　　再看这个难倒国内一众大模型的问题。提问：9.11 和 9.8 哪个大？文心一言给出了错误回答：9.11 大于 9.8。反思模型 360 智脑指出了比较方法的错误，还给出了正确建议。随后豆包作为总结模型重新输出了正确答案。GPT-4o 则直接给出了错误答案，还提供了错误的分析理由。

　　多个模型协作，能准确理解用户真实意图，可以取长补短，纠正错误表述，达到"1+1+1>3"的效果。

　　走通用大模型之路，最重要的一个策略是拥抱开源，因为开源是市场经济下的"集中力量办大事"，包括数据集开源、大模型开源。现在，国内阿里开源的 Qwen 发展得比较快，国外新开源的大模型在能力上也能很快超过闭源大模型。因为我自己是一名程序员，所以很多时候会想当然地以为人人都是程序员，都知道开源，但事实并非如此。所以我稍微解释一下什么是开源。

　　开源就是很多人抱着一种做公益的心态，或者为了自我实现，把自己写的软件免费开放出来给大家用，而且还会把软件的所有源代码都公开，供大家参考或直接修改、使用。简单来说，开源（Open Source）就是开放源代码。做得好的开源项目，比一般公司更能集中工程师、程序员的力量。而且大家使用的技术都是开放的，可以相互沟通、相互学习，不用"重复造轮子"，可以在别人工作的基础上快速改进。

开源软件是一个非常大的生态。大家可能不知道，没有开源就没有Linux，没有Linux就没有互联网的高速发展。没有开源就没有安卓系统，那可能手机市场就会被苹果公司所垄断。Linux作为一种开源操作系统，得到了强大的社区支持。这使得Linux能够被广泛定制和优化，适用于各种应用场景，从服务器到嵌入式设备，几乎无所不包。Linux的开放性不仅促进了技术的发展，还推动了全球范围内的创新与合作。

说到互联网的起源，可以追溯到1969年美国的阿帕网（ARPANET）。这是世界上第一个分组交换网络，是互联网的雏形。随着时间的推移，互联网经历了快速的发展和演变，成为今天全球信息传播和社会互动的重要平台。Linux在互联网的发展中扮演了关键角色。由于其开源和高度可定制，Linux成为许多互联网基础设施的核心部分，包括数据中心、云服务以及各种网络设备。此外，Linux的稳定性和安全性也使其成为运行关键程序的理想选择。而这一切，都得益于开源精神、开源社区的贡献。

在当今这个大模型群雄逐鹿的时代，我们国内更要加大开源分享的力度，而不是各家闭门造车。开源社区，只要生态能够真正做起来，发展速度会越来越快。我觉得开源大模型赶上GPT-4、GPT-4o，甚至o1，不是一个做得到或做不到的问题，只是一个时间问题。我们要真心拥护开源、追随开源、加入开源。

一提起开源，有些人总会联想到抄别人的技术，就会很鄙视这种做法。我觉得这个观点不对。谁也不能不承认，有些技术别人走在了前面，我们作为后来者，需要迅速地赶上，而参与开源是最合适的方式。如果没有开源，闭门造车难道就能够发展得更快吗？事实上，今天中国已经有了自己的操作系统、自己的数据库，这些成果实际上也要感谢开源。

对于全世界来讲，开源都是一个巨大的进步和推动力量。在市场经济条件下，开源也算一种"集中力量办大事"，只不过大家不是在一个物理单位里面，而是借助一个虚拟的开源社区，不同背景、不同国家、不同公司的程序员在里面充分地共享知识。更重要的是，开源可以让我们避免"重复造轮子"，掌握技术的最新进展。

我觉得积极地学习和利用开源成果，没有什么丢人的。我也希望大家对国内的技术多多给予支持，对于我们借助和参与开源事业要给予理解。不管我们是自己闭门造车，还是借鉴开源成果，跟国际接轨，最终还是要看谁能最快地赶上国际潮流，赶上国际先进水平。

图 6-2 总结了超级通用大模型之路作为国家战略的发展模式和发展建议。

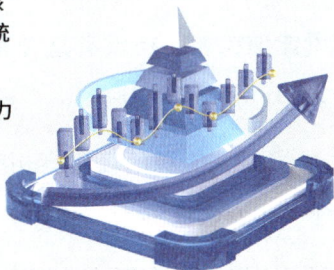

- **发展模式**：新型举国体制。就像造原子弹一样，应该将发展超级通用大模型作为国家战略。由国家整体统筹，大企业分工合作形成合力
- **发展建议1**：拥抱开源。开源是市场经济下的"集中力量办大事"
  - 大模型开源
  - 数据集开放
- **发展建议2**：重视大模型安全。需要既懂大模型又懂安全的公司，如360来解决安全问题

图 6-2　超级通用大模型之路应作为国家战略

要搞大模型就无法回避能源问题。因此, 我们再稍微说一说如何破解能源难题。AI 对电力的需求是没有止境的, 美国现在不能解决, 但我们中国可能已经有了破解思路。我之前去北京青海大厦参加了一场青海省的绿色算力推介会, 青海的领导提出了一个非常有创造力的概念。青海的绿色能源特别充沛, 大概有 10 万平方千米的土地, 上面可以铺设光伏板。现在只铺了 1000 平方千米, 也就是只铺了 1%, 就已经产生了巨大的电力输出。青海的风也比较大, 适合风力发电。青海还有很多寸草不生的荒地, 装了光伏板之后, 地面开始长草了, 还能因此开始养殖 "光伏羊"。此外, 因为地势落差比较大, 在青藏高原上, 青海的水力发电也大有可为。光伏发电、风力发电、水力发电, 青海的这些绿电资源都比较丰富。但是绿电资源也有缺点, 那就是不够稳定, 不利于输送, 所以青海发了很多电却输送不出来, 只能在本地消耗掉。

如果我们把计算中心搬到青海去, 不就真正实现了 "东数西算" 吗? 也可以让东边的模型在西边训练。而且, 青海的空气比较干燥, 夏天很凉, 冬天很冷。这样机房产生的热量很容易排出去, 所以把机房建到青海是有利的。

可能现在大家还没有这种紧迫感。再过两三年, 随着全国各地更多的企业和用户开始使用大模型, 大模型的算力消耗很可能会达到今天的 100 倍甚至 1000 倍, 能源消耗也会相应地提高, 到那时, 我们的能源供给可能就不够了。现在一些城市一到夏天特别热的时候, 大家都开空调, 还要拉闸限电。另外, 随着油车逐步被淘汰, 未来三五年电动车越来越多, 城市用电肯定会更紧张。到时候, AI 的超算中心、训练基地的电力从哪来呢? 答案就是用大西北戈壁滩上的光电、风电和水电来打造绿色的超算中心、智算中心, 如图 6-3 所示。

图 6-3　西北的光伏发电、风力发电、水力发电资源丰富，"东数西算"，可以破解能源难题

从未来的角度看，这有可能形成我们中国独特的优势，也许届时我们国家的能源战略和人工智能战略能够实现"双剑合璧"。

6.3　不要被 OpenAI 的超级通用大模型之路牵着鼻子走

现在，业内提到大模型，大家几乎言必称 OpenAI。OpenAI 作为大模型技术的领导者的确很伟大，或许它可以为人类探索出超级通用大模型之路。但是，OpenAI 这条路要靠卷模型、卷算力、卷数据，将模型朝着万亿参数发展，如图 6-4 所示。我们可以把 OpenAI 的大模型之路比喻为"造原子弹"，可以说他们试图创造一个无所不能的超级 AI 或者 AGI，似乎全世界所有的组织和个人，只要使用他们一家的服务就够了。我认为这在逻辑上不成立，也不现实。

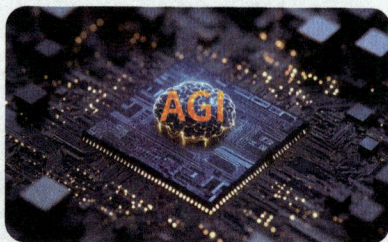

- **OpenAI希望用一个大模型解决所有问题，在哲学逻辑上不成立**
- **发展路线**

  发展方向：通往AGI

  参数规模：万亿以上

  发展要素：算法（开源）、算力（GPU）、数据（质量）、人才（产学研用）、安全

图 6-4　不要被 OpenAI 的超级通用大模型之路牵着鼻子走

2024 年 6 月，OpenAI 给开发者发邮件称要关掉对中国的接口。其实这件事对中国的影响并没有想象的那么大。但是网上很多人开始煽动一些情绪，好像中国的 AI 产业立马就要崩溃了似的。实际上，这种担心完全没有必要。

首先，国内几家大公司的大模型 API（Application Programming Interface，应用程序接口）在调用方式上完全兼容 OpenAI。而且国内大模型厂商"内卷"得很厉害，调用 API 的成本也急剧下降，费用甚至不到 OpenAI 的十分之一。国内很多个人应用，如果原来调用 OpenAI 的接口，那么很简单，直接切换到调用国内的大模型即可。这对国内的大模型云端服务提供商来讲肯定是利好的消息，相当于逼着国内的应用选择使用国产的大模型。

其次，如果是做企业级应用的厂商或者创业者，那更不会受影响，因为他们不会调用 OpenAI 的接口给中国的政府、企业提供服务。现在可以选择的开源大模型也很多，无论是 Llama 3 还是阿里 Qwen，都可以本地私有化部署，即可以按照客户的需求，定制成专业大模型、场景大模型。这些大模型在专门的政府和企业的场景上经过精心微调，配用内部独有的业务数据，其垂直领域的能力可以超过 GPT-4，而且响应速度更快，还能保证数据的安全。

所以，OpenAI 对我们关闭服务并不会造成太大影响。

但我们要思考，OpenAI 的超级通用大模型之路，中国应不应该跟进呢？我认为中国应该跟进，但是不需要 100 家公司都跟进，更不需要 1000 家公司跟进，也不需要每一个地方政府跟进。我的建议是，在国家的统筹安排下，找一些有算力的大型互联网企业，把算力集中起来，通过开源的机制把数据打通，集中力量办大事，同样可以在超级通用大模型上与美国、与 OpenAI 一较高下。

中国在 2023 年经历的"百模大战"是没问题的，因为这是我们大模型从无到有的必由之路。但是在做超级通用大模型方面，中国没有必要"重复造轮子"，不需要很多公司来做，应该把力量集中起来。全国就做一两个超级通用大模型就可以了。关于这个问题，我在政协会议期间也提交过相关建议报告。

接下来我们继续讨论一下，看我们能不能，以及如何走出一条有中国特色的大模型专业发展之路。

OpenAI 希望用一个大模型解决所有问题，这在哲学逻辑上不成立。

第 7 章

应用场景之战

7.1　把大模型拉下神坛，才能掀起新工业革命

如果我们说起大模型还是觉得它高高在上，还是觉得只有世界顶级公司才能玩，或者需要多少块 GPU 的算力才能跑起来，那距离大模型掀起新工业革命一定遥遥无期。正如第 6 章所说，虽然我对 OpenAI 也很崇拜，但是我觉得我们不能被 OpenAI 牵着鼻子走。

我有一个老朋友，做民宿文旅的，前两天跑来找我说："鸿祎，现在各行业在各地发展，都在追求新质生产力。"我说："你赶快整个大模型出来，你就有机会成为新质生产力的极好代表了。"我认为政府和企业都要拥抱大模型。但是问题来了，怎么样才能够拥抱大模型，让大模型真正掀起新工业革命呢？我的答案是把大模型拉下神坛！

大家想象一下，当年计算机还没有普及的时候，是什么掀起的工业革命，是超级计算机吗？其实不是。IBM 最早就做大型机，首先是做超级计算机，当时它声称全世界有 5 台计算机就够了。但超级计算机并没有引发工业革命。为什么？因为用的人太少。

引发工业革命的是个人计算机，也就是 PC（Personal Computer）。因为谁都买得起、用得起，这才掀起了工业革命。个人计算机最早期虽然像玩具一样，但足够廉价，足够便宜，足够好用，足够简单，所以走入了千家万户，重塑了千行百业，这才带来了工业革命。

互联网的发展和普及也是类似的。互联网的前身是什么？是美国国防部搞的一个实验项目，即阿帕网。阿帕网最初只连接了美国一些军工单位、大学研究中心。直到浏览器出现之后，所有的企业、个人都开始上网了，互联

网才把全世界连在一起，才产生了信息革命。

从这个意义上说，如果大模型只有少数人用，就不能叫工业革命。如果需要 10 万或 100 万块 GPU 才能玩，就无法产生工业革命。就像计算机和互联网一样，大模型只有进入千家万户、重塑千行百业，那才叫工业革命。而要实现这一次工业革命，必须把大模型拉下神坛。

本章接下来几节将围绕为什么通用大模型无法满足专业需求，以及如何把大模型拉下神坛来进行具体分析。

7.2 通用大模型无法满足政府和企业的专业场景需求

在企业级应用场景下，通用大模型的落地存在四大问题，如图 7-1 所示。

首先是成本太高。通用大模型训练一次动辄几千万美元，需要高昂的计算资源和专业的运维团队做支撑。我认为在中国的政府和企业内部，是不能直接训练和使用这种超级通用大模型的。一方面，训练和推理成本很高，政府和企业很难承担；另一方面，我们也没有那么多专业的人才承担训练、运维的工作。

其次是不懂业务。猛然一用，我们可能会感觉大模型很惊艳，说起话来头头是道。但是真的用于政府和企业，就会发现大模型对具体业务一窍不通，因为通用大模型都是用互联网上公开的数据训练的，缺乏企业级场景的知识，并且无法保证信息的及时更新。就像一个人刚上完大学，没有经过岗位专业训练，刚到政府、企业来工作，对政府、企业的专业性事务了解不够，缺乏行业深度。中国有句古话叫"术业有专攻"，就是说只有专业的模型、专业的人才才是我们政府和企业需要的。

再次是场景难以匹配。专业的业务场景需要专业的软件界面，而不是一个简单的对话框。通用大模型现在的聊天机器人界面不适用于政府和企业办公。聊天机器人当然很有趣，但是它无法与政府和企业内部的工具、业务融合。这就像你请了一位管理咨询专家，而这位专家对你的业务不了解，对你内部的生产流程、场景也不了解，只会给你讲一些正确的废话。我们接触过的很多企业领导都给出了这样的反馈：刚一用大模型惊为天人，觉得它写出来的东西特别棒，仔细一看发现放之四海皆准，虽然说得面面俱到，但都是正确的废话，很难跟企业的场景匹配。

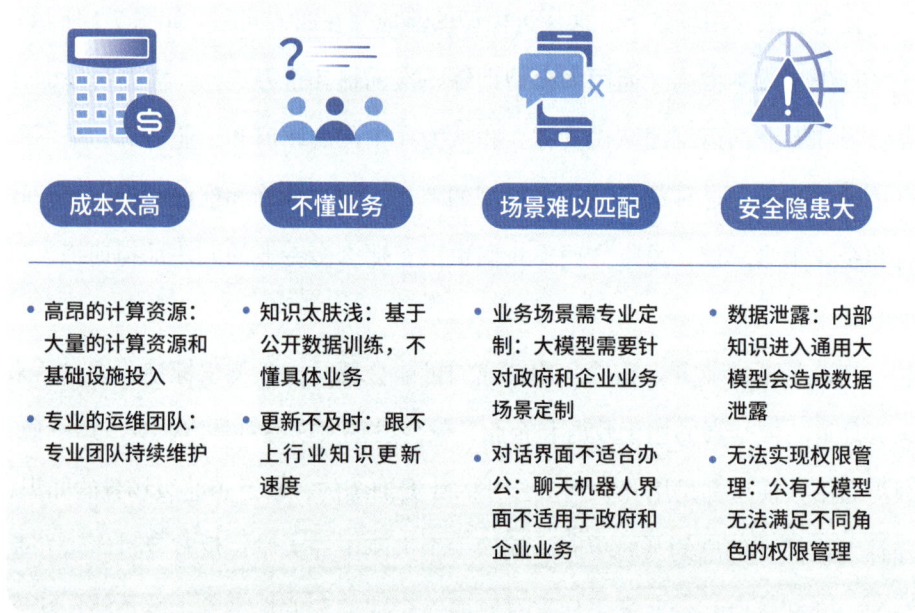

成本太高	不懂业务	场景难以匹配	安全隐患大
• 高昂的计算资源：大量的计算资源和基础设施投入 • 专业的运维团队：专业团队持续维护	• 知识太肤浅：基于公开数据训练，不懂具体业务 • 更新不及时：跟不上行业知识更新速度	• 业务场景需专业定制：大模型需要针对政府和企业业务场景定制 • 对话界面不适合办公：聊天机器人界面不适用于政府和企业业务	• 数据泄露：内部知识进入通用大模型会造成数据泄露 • 无法实现权限管理：公有大模型无法满足不同角色的权限管理

图 7-1 超级通用大模型直接用于政府和企业有四大问题

最后就是安全隐患大。使用通用大模型不仅会带来数据泄露风险，同时也无法进行权限管理，做不到个性化设置。我们政府和企业的内部知识，如果用于训练，进入通用大模型，就会造成数据泄露，因为我们不是简单地给它提一个要求，比如说写一个 PPT，而是要把很多内部的资料交给它，要上传给它。我们很多企业做得不错，它们最有价值的往往就是内部独特的数据资产。而把这些数据资产上传给大模型就会导致数据安全问题。

7.3　Think Different——大模型发展并非只有一条路

苹果公司曾经做过一个广告，广告词是"Think Different"，就是反向思考，逆向操作，反其道而行之。同样的道理，大模型不是只有 OpenAI 一条路，不是只能越做越大。

英特尔当年是 CPU（Central Processing Unit，中央处理器）之王，他们把 CPU 的核心越做越多，把核心的主时钟频率越做越高，从而让 CPU 的算力越来越强。但是这样做的问题是，CPU 运行时的温度越来越高，功耗也越来越大。那么，ARM 是怎么跟英特尔竞争的呢？ ARM 并没有去学英特尔，而是跟英特尔走了一条相反的道路。这条道路就是轻便、省电、移动路线。ARM 的 CPU 虽然能力弱，但非常适合用在移动设备上。同时，ARM 芯片的功耗越做越低，价格也越做越便宜，虽然无法进入主流的桌面市场和服务器市场，但是赢得了移动设备和边缘智能硬件的市场。到了今天，ARM 在全面占领手机等移动设备市场之后，又开始反攻桌面市场和服务器市场。

这就是一个典型的"Think Different"的例子。

对很多企业家来说，在面临竞争的时候，确实应该想一想，我们真的要跟竞争对手、跟同行走一样的道路吗？还是说应该反其道而行之？比如说，我做短视频，太想涨粉了，就去研究一些短视频的规则，但是我发现如果按照那些规则去做，我就不是周鸿祎了。而且，按照那些规则，我拍的视频似乎太长了，每个都三五分钟，有的视频甚至长达 15 分钟。而那些规则建议 1 分钟内解决战斗。但是，大家真觉得一些人生的道理、企业经营的经验能在 30 秒、1 分钟内讲清楚吗？这么短的视频只能提供情绪价值，而没有真实的价值。按照 "Think Different" 这个思路，我继续我行我素。说不定过些日子，当短视频信息量下降、质量下降了，大家愿意看长视频的时候，我的视频会受到欢迎。

> **逆向思维，反向操作，反其道而行之；**
> **避开强者锋芒，建立差异化定位。**

7.4　大模型的最新发展趋势

为了更好地理解如何打赢大模型应用场景之战，我们再来分享大模型的几个最新发展趋势。

7.4.1　趋势一"专"：大模型向专业化发展

如前所述，追求一个全能的单一大模型来解决所有问题是不切实际的。

正如社会生产总是向着专业化和深化发展一样，模型的专业化也是大势所趋。专业化的大模型能够更好地适应特定领域的需求。我们可以看看谷歌 DeepMind 的 Alpha 系列：AlphaGo 在围棋领域战胜了人类冠军，AlphaFold 在预测蛋白质结构上取得了革命性的进展，AlphaGeometry 解决了奥数几何难题，而 AlphaChip 则在 AI 芯片设计领域展现出其专业能力。这些例子证明了专业大模型在各自领域内的独特价值和巨大潜力。未来，我们期待看到更多的专业大模型"百花齐放，百家争鸣"。而且，当这些专业大模型联合工作时，它们的综合能力可以超越很多通用大模型。

现在很多大模型看着很大，实际上是由多个专业小模型构成的。这个趋势很值得我们关注。其实我们人类的大脑也是由很多部分组成的，比如语言中枢、视觉中枢、情感中枢。这些组成部分各司其职，协同工作，才构成人类高效运转的大脑。但今天的大模型是怎么工作的呢？比如我们问大模型"2+2 等于几"，或者说"你给我写一篇关于某某主题的 2 万字的文章"，大模型消耗的算力是一样的。

这就自然要提到 MoE 这个概念，即混合专家。当初 GPT-4 刚一发布就有传言说，虽然它看起来是一个千亿模型，但实际上是由 16 个专业模型组成的。埃隆·马斯克的人工智能公司 xAI 发布的 Grok-1，就采用了由 8 个专家模型组成的 MoE 架构。这种架构的原理，简单来讲，就是把一个大规模的模型拆分成多个小规模的专家模型，然后根据用户输入查询的特性，动态选择由哪些专家模型参与计算，如图 7-2 所示。这种方法能够在保持模型规模的同时，减少计算量，提升模型的性能和效率。换句话说，当我们向大模型提问的时候，并不是 1 万亿个参数都在发挥作用，而可能是大模型从多个小模型中挑了两个小模型，把它们激活，来回答问题。

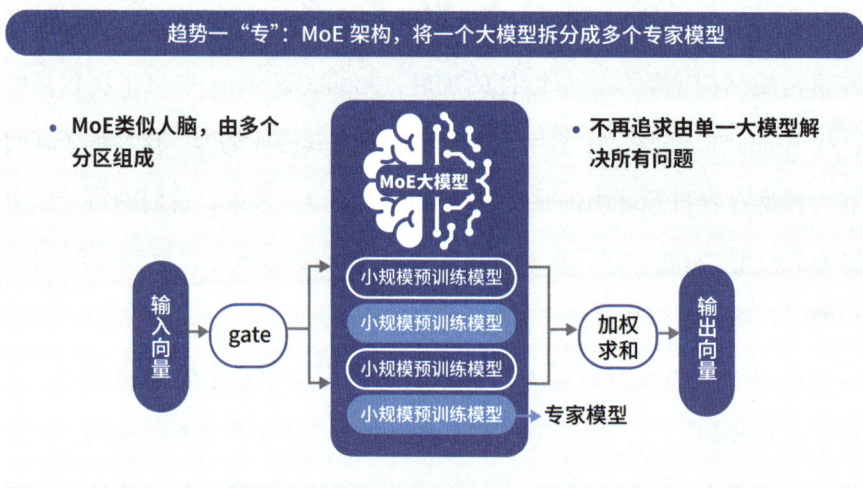

示例：
- **Mistral Large 2开源模型的部分指标超过Llama 3.1和GPT-4o**
- **其参数规模不到Llama 3.1的1/3**
- **使用MoE架构，说明多个专业小模型联合工作，能力可以超过规模大很多的大模型**

图7-2　大模型发展趋势一"专"：MoE 架构，将一个大模型拆分成多个专家模型

　　我们在大模型训练过程中发现一个让人很难受的问题。举个例子，我们想提高大模型的数学能力，准备了很多奥数题进行训练，训练之后，发现它的数学能力提高了，但翻译能力下降了。然后再想办法提高它的翻译能力，提高之后又发现它的其他能力下降了。反正就是按下葫芦起来瓢。最后的做法，可能就是均匀地把各个领域的训练语料都准备一份。这个问题可以通过做专业模型来解决。比如我专门训练一个解数学题的模型，不用考虑让它做

翻译。如果想做翻译，就专门训练一个做翻译的模型，只提高翻译能力，把翻译做得很强。

这其实就是大模型发展的第一个趋势——"专"。

7.4.2 趋势二"小"：大模型参数规模越做越小，进入轻量化时代

现在，不管是苹果、微软、三星，还是特斯拉，都在把模型做小，因为模型要上 PC、上手机、上车。2024 年 4 月，苹果发布了专为终端设备设计的小模型 OpenELM，包含不同参数的版本，可以在手机和笔记本电脑等设备上运行文本生成任务。2024 年 7 月，苹果还与合作伙伴一起推出了 DCLM-7B[①]模型，该模型的权重、训练代码和数据集全部开源，性能达到 Llama 3 水平，计算量只有 Llama 3 8B 的 1/6，可以在笔记本电脑、iPad 等终端设备上使用。微软推出了 Windows 11 AI+ PC，具备强大的 AI 功能，如实时翻译、字幕生成、Recall 等。三星在其 S24 系列手机中内置了多个小模型，这些小模型可以与云端大模型实时协同，从而提升交互信息量和用户体验。特斯拉用大模型的数据训练车载小模型，以处理摄像头收集的路面信息。图 7-3 展示了一些有代表性的轻量化模型。

---

① B 代表 billion，即十亿，例如 7B 即 70 亿，常用于表示模型参数量。——编者注

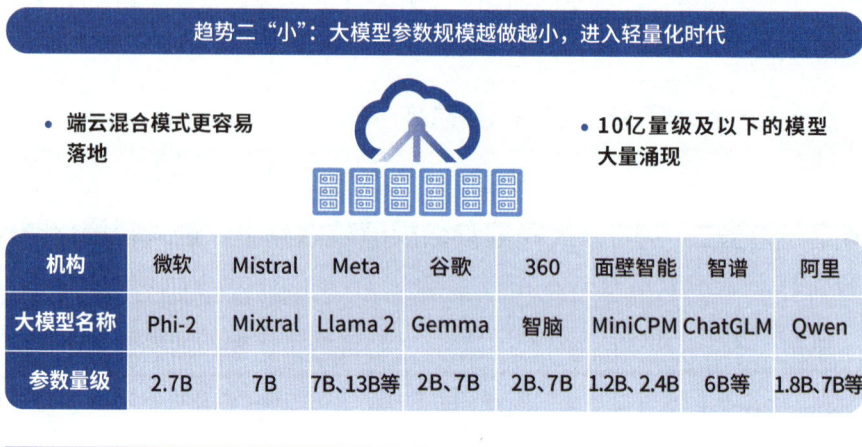

机构	微软	Mistral	Meta	谷歌	360	面壁智能	智谱	阿里
大模型名称	Phi-2	Mixtral	Llama 2	Gemma	智脑	MiniCPM	ChatGLM	Qwen
参数量级	2.7B	7B	7B、13B等	2B、7B	2B、7B	1.2B、2.4B	6B等	1.8B、7B等

示例：
- 苹果发布了DCLM-7B大模型，模型权重、数据集、训练代码全部开源
- 性能达到Llama 3水平
- 计算量只有Llama 3 8B的1/6
- 可以在笔记本电脑、iPad等终端设备上使用

图 7-3　大模型发展趋势二"小"：大模型参数规模越做越小，进入轻量化时代

　　将来，用于控制具身机器人的大模型一定不在云端。大家想一想是不是这个道理。比如你家里有一个机器人管家，如果它的大脑（大模型）在云端，你家的网络发生故障，断网了，那机器人管家就要歇菜了。而且，把大模型放到云端也会带来很多的危险。作为管家的机器人一定知道你的很多隐私，如果它把数据全传到云端，你会觉得安心吗？所以，现在有一个趋势，就是模型一定要本地化，这样数据有保护，响应速度快。

　　既然模型要上车、上手机、上 PC，就不可能部署 OpenAI 推出的那种巨型模型。必须把模型做小，但是还要保持能力。我们观察到，自从模型开源的趋势出现之后，开源出来的小模型的能力越来越强。360 也在开源方面做了很多的贡献。

7.4.3　趋势三 "廉"：模型的成本越来越低，"原子弹" 变成 "茶叶蛋"

模型并不是越大越好，小模型的成本更加低廉。小模型由于参数较少，计算复杂度较低，因此在硬件资源有限的设备，如智能手机、嵌入式系统等上也能运行。这使得小模型在定制化和迁移学习方面具有优势，能够更好地适应特定需求。在保持较高性能的同时，小模型可以大幅度降低计算成本和资源消耗，更多企业和个人能够负担得起。小模型的简单性使得它们更容易部署和维护，适合快速迭代和开发。尤其是对于预算有限的中小企业，这样也降低了使用 AI 技术的门槛和成本。

GPT-4o mini 是 OpenAI 在 2024 年 7 月发布的一款迷你 AI 模型，是 GPT-4o 的更小参数版本，在多个关键基准测试中表现出色。更关键的是，它的价格大幅度降低，性价比非常高，相比当年 GPT-3 的价格下降了 99%，相较于 GPT-4o 和 GPT-4 也下降了 90% 以上。

2024 年上半年，国内大模型行业也掀起了一场价格战，各大厂商纷纷宣布降价，这一现象不仅在行业内引起了广泛关注，也对市场产生了深远影响。从各大厂商公布的降价举措来看，降价幅度非常大。例如，阿里的 GPT-4 级主力模型 Qwen-Long 的 API 输入价格降幅达到 97%。百度则宣布文心大模型的两大主力模型 ERNIE Speed 和 ERNIE Lite 全面免费。字节跳动推出的豆包大模型的价格也处于很低的水平。

这种全球性的价格战不仅可以加速大模型技术的普及，也一定会推动 AI 应用的快速发展，让大模型从"原子弹"变成所有人都可以消费得起的"茶叶蛋"。

7.4.4　趋势四"强"：知识密度快速增长，小模型能力越来越强

最近，国内外开源大模型呈现爆发性增长的趋势，我们发现其中很多模型并不盲目追求做大。基于既有的数据和算力，大家比较关注的一个重点，就是如何把模型做小，能力还越来越强。与传统 AI 时代一样，现在大模型发展的基础仍然是算力、数据和算法。由于硬件和数据瓶颈，大模型的激活参数量也存在一个天花板，业界有人认为 500B 可能是一个极限。在这种情况下，大模型厂商不再一味地拼算力、上参数，而是寻求在既定条件下，利用更高质量的数据，以及优化工程方法和算法，更加高效地提升模型的能力。实践表明，在模型的参数规模小的情况下，训练数据的质量高，知识密度高，训练出来的模型能力同样很强。

数据质量的提升、算力的提升、算法的优化，共同推动了模型知识密度的快速增长。针对知识密度，业界有专家提出"大模型摩尔定律"。这个定律指的是大模型的知识密度每 8 个月翻一倍，这种增长速度与预测集成电路性能每 18 个月翻一倍的摩尔定律非常相似。而提升大模型知识密度的方法也有很多，包括知识增强、模型优化、外部知识的整合以及算法和数据的改进。

知识密度的快速增长使得模型能够以更少的参数量达到更高的性能。根

据"大模型摩尔定律"，2020 年 GPT-3（175B 参数）的能力，2025 年可能只要 2B 参数即可实现。不过要注意，数据质量是提升知识密度的基础，之所以强调数据质量，不光是因为大模型的能力需要高质量的数据来保障，更是因为大模型的应用效果同样取决于具体应用场景下可以获取到的数据质量。

7.5　开源大模型爆发代表了"专、小、廉、强"的发展趋势

开源大模型在 2024 年呈现出爆发式发展的态势。

Meta 首席 AI 科学家杨立昆（Yann LeCun）指出，开源大模型正在超越专有闭源模型，这一趋势在多个研究和报告中得到了验证。例如，Meta 发布的 Llama 3.1 模型在多项基准测试中超越了 OpenAI 的闭源模型 GPT-4o。

开源大模型的爆发体现了前文说的"专、小、廉、强"的发展趋势。

"专"指的是开源大模型在特定领域的深度定制能力。开源大模型通过开放源代码、参数，使得开发者可以根据自身需求进行定制和优化，从而更好地满足特定行业或应用场景的需求。

"小"体现在开源大模型的规模和复杂度上。很多开源大模型具有较小的参数规模，体积小，能力强，更方便部署在移动设备和各种终端上。

"廉"指的是开源大模型部署和推理成本低。开源大模型由于其开放性和共享性，几乎可以零成本获取，节省了大量训练成本和时间成本。这使得任何人、任何组织都可以拥有自己的大模型。

"强"则体现在开源大模型的性能和创新能力上。开源大模型借助社区的

力量，有的背后有大公司支持，不断迭代和优化，其性能正在接近和超过闭源模型。

以 OpenAI 为代表的闭源大模型目前暂时领先，毕竟它比别人先发展了 5 年。但是按照现在开源的发展速度，在开源生态慢慢繁荣之后，开源模型的发展也会非常快。我们举个例子，假设 OpenAI 把 GPT 开源了，那我认为它的目标是进入搜索领域。谷歌的搜索是一年几百亿美元的生意，这样一来谷歌就会非常难受，那么谷歌怎么反击呢？如果要我给谷歌支招，我会建议谷歌把 Gemini 给开源，让所有公司都有一个不逊色于 GPT-4 的大模型可以使用，而且可以免费使用，这样 GPT 的用户自然会减少。

不出所料，2024 年 6 月，谷歌也选择加入开源的阵营。谷歌在 Google I/O 大会上公布了他们新一代的开源模型 Gemma 2，有 9B 参数和 27B 参数两种（见图 7-4）。27B 参数的大模型能力据说超过了 Llama 3，应该可以和阿里 Qwen 比肩。大概一个月后，谷歌又发布了 Gemma 2 2B，采用了仅有 2B 参数的设计。这个模型通过知识蒸馏技术从更大、更复杂的模型中学习，实现了性能与效率的强大平衡。Gemma 2 2B 不仅在性能上表现出色，还在安全性和透明性方面进行了优化，内置了安全改进功能。此外，Gemma 2 2B 还具有灵活且经济的部署优势，可以在广泛的硬件或环境中高效运行，包括手机、边缘设备、笔记本电脑和云环境。

大家可以看到，在短短不到两年时间里，大模型的开源生态加速发展。模型的参数越来越少，能力越来越强，而且越来越多的大公司加入开源阵营。我们知道，如果没有当年 Linux 的开源，就没有互联网的高速发展。大家知道谁在背后支持 Linux 吗？除了 Linux 程序员之外，像 Sun、Oracle，还有

IBM，以及微软的老朋友、老友商们，都在拼命地给开源的 Linux 贡献代码，贡献核心技术。

之前还有人因为 OpenAI 关闭对中国的服务接口而忧心忡忡。其实没有什么可担心的。虽然他们对中国封锁了自己的 AI 服务，但是 AI 大模型开源的技术是封锁不掉的。先有 Grok、Llama 这些开源大模型，现在谷歌又开源了 Gemma 大模型，这对我们国家大模型技术的进步肯定是一个巨大的推动。开源会让大模型技术无法封锁、无法脱钩、无法断链。这也是我对我们国家大模型发展信心巨大的原因之一。

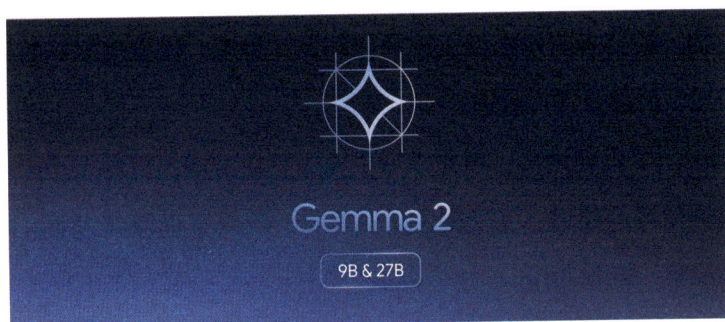

图 7-4　谷歌在 2024 年 6 月开源了轻量大模型 Gemma 2，包含 9B 和 27B 两种参数规模
（图片来源：谷歌技术博客）

7.6　大模型支撑技术快速发展

在了解了大模型的最新发展趋势之后，还有必要知道支撑大模型快速发展的重要技术。

当前，除了大模型本身的快速发展，推动大模型落地和应用的支撑技术同样也在快速发展。下面我们就来介绍其中最有代表性的三项技术：强化学习、智能体框架和工作流系统。

7.6.1　支撑技术一：强化学习

强化学习（Reinforcement Learning，RL）是机器学习领域的三大方法之一（另外两个是监督学习和无监督学习），特别适合解决那些目标不明确、环境动态变化、需要长期规划的问题。实际上，强化学习的主要思想就是通过模型与环境的交互，获取环境的反馈信号，并据此来对模型进行不断的改进。环境给出的反馈信号表示模型表现的好坏及其程度，模型表现好的部分需要保持，表现差的部分需要改进。

在 ChatGPT 出现之前，强化学习主要应用在游戏、机器人等比较容易获取环境反馈信号的领域，尤其是在游戏领域，取得了里程碑式的进展。最有代表性的成果，就是 2016 年 DeepMind 基于一种结合蒙特卡洛树搜索和深度学习的强化学习算法开发的 AlphaGo，在围棋这个曾经被认为是计算机永远无法超越人类的领域中，战胜了人类顶尖选手李世石。AlphaGo 的大放异彩，向人们展现了强化学习的强大力量，尤其是其大量自我博弈的训练方式，给人们留下了深刻的印象。

2010 年之后，深度学习进入快速发展阶段，其在自然语言处理和图像处理两个领域的卓越表现，重新引爆了机器学习的热潮。但在很长一段时间内，强化学习在这两个领域的应用并不是很成功。直到 2022 年底，ChatGPT 横空出世，OpenAI 提出的基于人类反馈的强化学习（Reinforcement Learning from Human Feedback，RLHF）算法引起了关注。RLHF 算法使用经过人类偏好数据训练的奖励模型，来对大模型的输出给出反馈信号，使得强化学习在自然语言处理领域（大模型）得到了成功的应用。

2024 年 9 月，OpenAI 发布的 o1 模型采用了一种创新的强化学习训练方法，这种方法超越了传统的仅通过提示词来完成思维链的方式。通过强化学习训练，o1 模型不仅能够生成问题的答案，还能在生成过程中进行深度推理，从而显著提升了逻辑推理和解决问题的能力。这种训练方式使模型能够通过自我博弈和迭代学习，逐步优化其推理路径，识别并修正错误，最终得出更准确和可靠的结论。因此，o1 模型在处理复杂的数学问题、编程难题和多模态任务时，展现了前所未有的强大性能，其推理能力的提升为 AI 领域带来了革命性的进展。

可见，强化学习在 AI 发展过程中起到了关键的支撑作用。它不仅提供了一种机制，让模型能够通过试错来学习和改进推理策略，而且使得模型能够在训练过程中不断优化推理路径。这种方法类似于人类学习和思考的方式，即通过不断实践和反思来提升解决问题的能力。

7.6.2   支撑技术二：智能体框架

"智能体"对应的英文是 agent，在强化学习领域也有人翻译成"智能代理"，主要用于描述那些能够感知环境并采取行动以实现特定目标的系统，是一种能够在特定环境中感知、决策、行动和学习的模型。智能体可以增强大模型的行动能力，可以学习最优策略来达成特定目标。早期的智能体大体上可以认为就是强化学习中的智能体。

早期的智能体一般用于机器人和简单的计算机程序，如自动化交易系统和游戏 AI。但是随着技术的发展，特别是大模型的出现，智能体的功能和应用领域得到了极大的拓展。基于大模型的智能体能够处理更复杂的任务，其核心理念是通过模仿人类的感知和决策过程，实现自主行动和学习，从而完成复杂任务。

早在红杉资本的 AI Ascent 2024 大会上，斯坦福大学教授吴恩达（Andrew Ng）就提出了一个有趣的观点，即基于 GPT-3.5 构建的智能体工作流在实际应用中的表现，可能比 GPT-4 模型更出色。这一观点挑战了之前人们对大模型性能的常规认知，表明通过精心设计的智能体工作流，可以显著提升 AI 的推理和决策能力，甚至超越单一大模型的局限。而这个基于大模型的智能体，有别于强化学习中的智能体，是一种更偏向应用的智能体形态或框架。

吴恩达教授介绍了四种 AI 智能体的设计模式，包括反思（Reflection）、使用工具（Tool use）、规划（Planning）以及多智能体协作（Multi-agent collaboration）。这些模式强调了 AI 在执行任务时的自我检查、利用外部工具、多步骤规划和协作能力。而通过智能体框架之上的工作流系统，我们可以更好地发掘现有模型的潜力，实现更高效、更智能的 AI 应用。

7.6.3 支撑技术三：工作流系统

工作流（Workflow）系统原本是一种用于管理和执行工作流程的软件系统，它可以帮助组织设计和优化各种工作流程，提高工作的效率和质量。大模型背景下的工作流系统则强调"业务驱动，AI 在其中，人类在中心"。360 创造性地提出了融合工作流的方法论，具体可以参考第 13 章，我们这里对这个大模型落地的重要支撑技术进行简单介绍。

首先，业务融合需要一套工作流框架，这要求工作流系统能够灵活地适应不同的业务场景和需求。通过构建一个强大的、可扩展的工作流框架，组织能够将业务流程标准化和自动化，从而提升人机协作效率。这个框架能够支持快速的流程设计和调整，以适应市场变化和业务发展，同时提供实时监控和分析工具，确保流程的高效执行和持续改进。此外，最关键的是，工作流框架必须能够集成先进的大模型技术，包括智能体框架，以实现智能决策支持和自动化任务执行，进一步提升人机协作的效率和改善效果。

其次，大模型落地需要打通组织和人员，连接既有的不同业务系统，这涉及工作流系统的集成能力和互操作性。为了实现这一点，工作流系统必须能够与企业原有的 ERP、CRM、SCM 等业务管理系统无缝集成，实现数据和流程的流畅对接。通常，这要求工作流系统必须具备强大的 API 和明确的数据交换协议，以支持不同系统之间的通信和数据同步。同时，工作流系统还应能支持跨部门、跨地域协作，通过统一的平台和界面，使不同团队和人员共享信息、协调任务和监控进度。

此外，为了确保大模型落地应用的效果，工作流系统还需要提供用户友好的界面和直观的操作指导，以降低用户的学习难度，提高系统在组织内的接受度和使用率。工作流系统通过这样的集成和连接，实现组织、岗位、架构、业务孪生的互通，促进组织内部协同工作，加速大模型的落地，助力业务目标的实现。

7.7 实现新一轮工业革命的路线一：大模型上终端，走进千家万户

通过本章前面几节对大模型发展趋势的分析，打赢大模型应用场景之战的思路也就变得清晰了。主要有两条路线，路线一就是大模型上终端，走进千家万户。目前，大模型做小的趋势已经很明显了，目标就是大模型终端化，包括大模型上车、上 PC、上手机。

2024 年，这方面的产品已经层出不穷。联想推出了多款 AI PC 产品，微软推出了 Windows 11 AI+ PC。苹果在其 iOS 18 版本中包含了一个小型、低延迟的本地模型（3B 参数），该模型能够理解用户命令、当前屏幕，并在应用程序上执行操作。

我们知道，如果把大模型放在云端，通信延迟已经可以做到 500 毫秒。对于智能汽车来说，这个延迟如果做一些简单的问答还能忍受，但如果想让大模型在车里控制自动驾驶、智能座舱，那这个延迟就太长了。这种情况下，

大模型必须上车。前面也分析过，对于居家服务型的机器人，大模型上终端同样非常有意义，不仅可以避免网络故障导致机器人"罢工"，还可以防止黑客攻击，保护隐私和数据安全。因此要实现新一轮工业革命，就要像图 7-5 所展示的那样，把大模型放在离用户最近的地方。

图 7-5　把大模型放在离用户最近的地方

下面，我们可以通过 360 儿童手表内置本地小模型的视频展示，来感受一下大模型上终端的威力。

视频展示　**360 儿童手表内置本地小模型**

▶ 视频 7-1　360 儿童手表利用端侧小模型能力识别用户意图，利用云端大模型完成文生文、文生图和视觉理解任务

扫码看视频

视频文字版

女孩：有一个叔叔说是我爸爸的朋友，我可以跟他走吗？

手表：不可以随便跟陌生人走，也不可以随便吃陌生人的东西，一定要等爸爸妈妈或者家里熟悉的亲戚来接你。

女孩：我现在联系不上爸爸怎么办？

手表：可以尝试以下几种方法。一、找老师或学校工作人员帮忙。二、打电话给妈妈或其他家人。三、等待，有时候可能是因为信号不好或者其他原因暂时联系不上。四、使用公共电话或求助于警察叔叔。

女孩：我想模仿李白的《望庐山瀑布》，再写一篇关于出去玩的诗。

手表：当然可以，你可以试试这样写：青山翠影前，绿水碧波涟。彩蝶花丛舞，和风绿野绵。

女孩：画一个小女孩骑在狗的背上奔跑。（手表根据文字描述和照片生成图片。）……妈妈，你看我有新头像了。

女孩：（用手表拍摄一张"鸟巢"的照片。）

手表：这张图片展示了北京的国家体育场，也被称为"鸟巢"。

女孩：国家体育馆（场）为什么要建成鸟巢的样子？

手表：是为了体现独特的建筑美学和功能性，这种结构能够提供很好的稳定性和支撑力。

女孩：为什么这样的结构会稳定？

手表："鸟巢"就像是用很多很多钢铁棍子搭起来的一个大网，这些钢铁棍子互相连着，把力量都分散开，就把"鸟巢"撑得稳稳的。

把大模型放在离用户最近的地方。

7.8　实现新一轮工业革命的路线二：走专业化道路，走进千行百业

根据前面对大模型发展趋势的分析，可以推理出实现新一轮工业革命的另外一条路线，就是政府和企业拥抱大模型，走专业化道路，让大模型走进千行百业。

为此，我们必须放弃一种幻想，即用一个大模型解决一切问题。因为政府和企业落地大模型一定是业务驱动的，所以一定要结合政府和企业具体的业务场景和业务需求，基于找到的垂直场景来做具有专业技能的大模型。我们不需要一个万能专家，什么都懂，什么都不精。我们需要的是行业专家、领域专家，哪怕是刚刚大学毕业的学生，只要我们在专业技能方面对他进行培养、训练，他就可以解决企业的问题。可以想象一下，未来在政府和企业内部肯定不是一个大模型解决所有问题，而是多个大模型组合起来工作。

举一个最简单的例子，在企业内部，管员工的有 HR 软件，管客户的有 CRM 软件，管财务的有财务软件。有谁见过有一家软件商把所有管理功能都集成到一款软件里的吗？没有。同样的道理，未来在企业内部不可能只有一个大模型，一定是很多专业的大模型各司其职，互相协作，如图 7-6 所示。对于政府和企业来说，要么不搞大模型，搞大模型那就绝对不止一个大模型。多个大模型组合就意味着每个模型都可以更小，一个模型只解决一类场景下的专业问题，这样搞大模型就会变得非常简单，训练和使用成本很低，而且效果也很好。

业务驱动，满足增收、提效、降本、合规的业务需求

- **找垂直场景，做专业技能的大模型**
  政府和企业不需要全能博士，需要管培生
- **政府和企业内部一定是多个大模型组合起来工作**
  多个模型组合起来意味着每个模型可以更小

不要追求一个模型既能写诗，又能作画，能解奥数题，还能顺道解决政府和企业内部工作问题

图 7-6　政府和企业内部一定是多个大模型组合起来工作

不要追求一个模型既能写诗，又能作画，能解奥数题，还能顺道解决政府和企业内部工作问题。

7.9　走专业化道路，首先要找到明星场景

很多 AI 专家会兜售一个概念，说模型即产品。这是错误的，模型只是能力，只有跟场景结合才能产品化，用户才能使用。政府和企业并不是装上一个通用大模型就能解决一切问题，包括苹果和微软也不是简单地在手机、计算机上装一个大模型，而是首先在他们的操作系统里边找到所有能用的场景，然后再用大模型的能力赋能这些场景，这样模型才能成为用户可以使用的产品。

我们政府和企业要使用大模型，同样要首先找到这样的场景，特别是"明星场景"。什么是明星场景呢？就是能够让大模型发挥最大价值的业务场景。如何找到明星场景呢？我们提了一个方案，就是说在政府和企业内部，要观察四个方向：对上、对下、对内、对外。

对上，指对政府和企业的主要领导和干部，要看他们有什么使用场景是可以改善的，比如说舆情信息、决策支持。政府和企业领导往往需要处理大量的信息和数据，以便做出正确的决策。利用大模型，可以对这些信息进行快速分析和处理，帮助他们更准确地了解舆情动态，提供决策支持。

对下，指对政府基层人员和企业的员工，看有哪些工作是可以用 AI 来帮助他们减轻负担或者提效的。在企业中，许多员工需要处理重复性高、耗时费力的任务。通过大模型，可以自动化这些任务，从而减轻员工的负担，提高工作效率。例如，在客服、数据分析、文档审核等方面，大模型可以帮助员工更快地完成任务，让他们有更多的时间和精力去处理更加复杂和有挑战性的工作。

对内，指对政府和企业内部的业务管理和运营流程进行审视，找到值得优化的地方。例如，我们内部的研发部门是否可以利用大模型进行编程，以提高编程效率和代码质量？市场部门是否可以利用大模型生成文字、视频和图像，以降低人力成本和提高效率？

对外，指针对政府和企业对外提供的服务、产品，要看是否有体验、功能和流程可以改善。例如，我们可以利用大模型优化产品功能，根据用户的需求和反馈，自动调整和升级产品功能，以改善用户体验，提高满意度。大模型还可以通过学习用户的行为和偏好，为用户提供更加个性化的服务，从而提高服务的质量和效率。

然后，在这四个方向上去应用"四个 10 倍"原则，就是看哪个场景上能够减少 10 倍人力[①]，降低 10 倍成本，提高 10 倍效率，提升 10 倍体验。一定要找到一个对自己、对客户、对员工最有说服力的场景，换句话说，就是看有哪些工作环节让你觉得很痛苦、很麻烦。这样的场景我称之为"明星场景"。

我们把这种寻找明星场景的策略叫作"小切口、大纵深"，即突破口可以很小，但收益一定要大。找到明星场景之后，再根据场景来定义功能，进而根据功能训练专业的大模型，如图 7-7 所示。换句话说，大模型的专业训练是由场景决定的，而不是先去找一个通用的大模型，之后用大模型来找场景，那就相当于先花钱买一把锤子，然后拿着这把锤子到处去找钉子，这就属于本末倒置了。

---

① 指人力减少至 10%，"降低 10 倍成本"等类似表述同理。——编者注

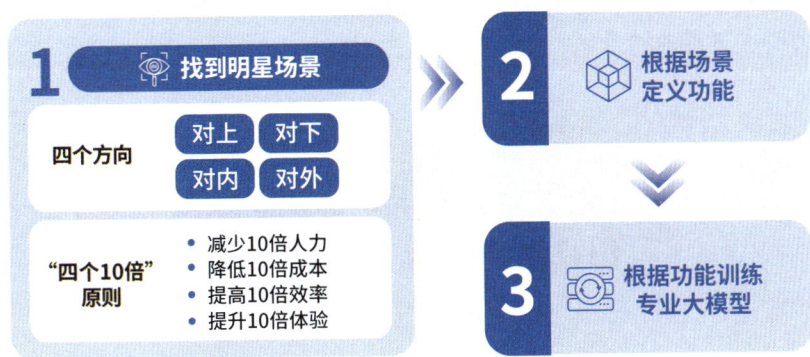

图 7-7　明星场景应用策略

可以看到，无论是美国的公司，像苹果、微软、谷歌，还是国内的公司，大家都已经转变到这个策略上来了。2023 年大家在卷大模型，到 2024 年上半年大家还在卷大模型，每做一个大模型就秀一次自己的参数、能力、分数。但是那些都是通用能力，距离企业、行业、政府和老百姓太远。从 2024 年下半年开始，大家慢慢地转向结合场景。只有结合场景才能帮政府和企业、帮老百姓解决实际问题，才是我们应该努力探索的方向。

在这里，我还有一个期望，就是政府在建设智算中心之外，还能够牵头把 AI 落地的生态搭建起来。我们不必追求宏大的目标，而是可以从局部着手，比如某个地方政府一年只挑 10 家或者 20 家企业，在每家企业找到一个场景，然后针对每个场景训练出来一两个专业大模型，让大模型真正在企业的生产业务系统里发挥作用，提高生产力。如果可以做到这一点，我觉得就已经是很了不起的实践了。AI 要推动新质生产力发展，一定要跟传统产业的生产力改进紧密地结合。

在寻找明星场景上我要说，切口一定要足够小，
但是影响的面要尽可能广。

要选择明星场景，还要了解大模型的基础能力。为此，我们总结了政府和企业能够直接拿来用的大模型的八大业务能力。下面依次解释这些能力，同时给出匹配的明星场景。

1. 人机交互：比如理解人类语言，以及与人对话等。理解人类语言是大模型最基础的能力，具体来说就是大模型通过注意力机制理解句子中词语之间的关系，从而理解整个句子的上下文含义。而大模型对聊天上下文的记忆，可以实现人与模型的多轮对话，同时保持话题聚焦。人机交互能力对应的明星场景有知识问答、客户服务、聊天陪伴、情感支持等。

2. 内容生成：创作、改写、润色和翻译，都属于内容生成。创作比较好理解，就是大模型能够根据给定的主题或提示词，生成全新的、原创的内容，包括撰写文章、创建图片、生成声音和视频等。改写是指大模型能够接收已有的文本内容，并对其进行重写，以改变其表达方式或风格，而不改变原始内容的核心意义。润色是指大模型能够对文本

进行细致的修改，以提高其语言表达的流畅性、准确性和美感，通常是对草稿或初稿进行优化。翻译就是指大模型能够将一种语言的文本转换成另一种语言的文本，同时保持原文的意思和风格。内容生成能力对应的明星场景有公文写作、营销宣传、短视频创作等。

3. 代码编写：包括自动编写代码、从已有代码中发现问题，以及解决问题。大模型能够根据给定的需求或问题，生成相应的代码来解决特定的问题；能够对人类写的代码进行改写、扩写，以提高效率和可读性；能够辅助程序员调试代码，查找代码中的缺陷，同时提供错误修复或性能改进建议。代码编写能力对应的明星场景有程序编写、软件开发等。

4. 数据分析：大模型可以理解人类语言，也可以理解数据，因此能够帮助我们快速分析大量数据，识别关键趋势和模式，发现业务中的潜在问题和机会；能够实时监测业务数据，及时发现异常情况，帮助管理者识别潜在风险。数据分析能力对应的明星场景有数据分析处理、推荐系统、决策支持等。

5. 知识管理：知识是大模型的核心，要落地大模型，必然要面对从文档搜索到知识理解的过程。这个过程也可以借助大模型来加速和提效。比如，大模型能够分析企业的各类知识资源，包括文档、报告、会议记录，将它们整合成结构化的知识库，并按照主题、类别或关键词进行分类，便于快速检索和使用。知识管理能力对应的明星场景有知识资源管理、情报分析等。

6. 生产和自动化：在企业生产和自动化方面，大模型可以通过智能体框架获得调用 API 的能力，从而在很多场景中发挥关键作用。这种能力使得大模型不仅仅是一个静态的数据分析工具，更是一个能够主动执行任务、与外部系统交互的动态智能体，通过调用 API 与企业内部的各种系统和数据库进行交互，实现数据的自动获取和处理。生产和自动化能力对应的明星场景有工作流自动化等。

7. 多模态能力：多模态大模型通过处理不同类型的数据输入和输出，比如文本、图像、声音、视频等，能够更全面地理解物理世界，与物理世界互动，帮助企业自动化和优化生产流程，提高效率，减少错误。例如，多模态大模型可用于质量控制，通过分析图像来检测产品缺陷，或者在物流行业中用于自动化物品的分类和跟踪。多模态能力对应的明星场景有视频生成、工业控制、自动驾驶、机器人等。

8. 序列预测：大模型的本质是序列预测，尽管它们可以执行多种任务，但它们的底层原理和架构设计都是为了预测序列中的下一个元素。这种预测能力使得大模型能够处理和生成文本、图像、音频等多种类型的数据。序列预测的能力对应的明星场景有具身智能、自动驾驶、科学研究等。

了解了大模型的这八大业务能力，就可以将它们对应到企业和政府的日常管理、对内对外的工作、业务流程中，跟各种各样的场景结合在一起。为方便参考，表 7-1 把大模型的八大业务能力及对应的常见明星场景罗列了出来。

表 7-1　大模型的八大业务能力和对应明星场景

	业务能力	明星场景
1	人机交互：自然语言理解、对话	知识问答、客户服务、聊天陪伴、情感支持
2	内容生成：创作、改写、润色、翻译	公文写作、营销宣传、短视频创作
3	代码编写：自动编写代码、寻找错误	程序编写、软件开发
4	数据分析：从数学计算到理解和逻辑推理	数据分析处理、推荐系统、决策支持
5	知识管理：从文档搜索到知识理解	知识资源管理、情报分析
6	生产和自动化：由智能体框架赋予调用API的能力	工作流自动化
7	多模态能力：从看见到看懂物理世界	视频生成、工业控制、自动驾驶、机器人
8	序列预测：将复杂问题简化为基于序列的预测	具身智能、自动驾驶、科学研究

场景案例：新员工招聘

这里，我们用一个新员工招聘的例子来说明怎么寻找明星场景。首先，招聘的场景要划分得很细，需要把企业想达成的目标分解成很多阶段，比如确定需求、制订招聘计划、编写和发布职位描述，以及收集简历、筛选简历、安排面试、数字人自动面试、面试结果评估，然后是背景调查和薪资谈判，最后是发放录用通知书。必须像这样对场景划分得足够细。不要笼统地说，我想要做一个 HR 大模型。要明确你到底要解决什么问题，是招聘问题，还是员工关怀问题。如果明确是招聘问题，那就可以把对应的场景分解得很细。

这个案例也证明了我的一个观点，就是选择场景是无法依靠外部力量来完成的，只能靠自己，因为自己的业务只有自己最了解。

划分完场景之后，我们可以画一张坐标图。先画纵轴，把大模型目前比较成熟的能力排列出来。再画横轴，就是我们刚刚细分得到的场景。这样就形成了一个表格，如表 7-2 所示。然后再一个单元格一个单元格去看，看场景是不是可以让大模型来做。如果能做，就打个钩；不能做，就打个叉。逐个单元格筛选一遍，应该可以筛选掉一半。

表 7-2　新员工招聘场景下模型能力适用情况

模型能力 ＼ 业务任务	确定招聘需求	制订招聘计划	编写并发布职位描述	收集简历	筛选简历	安排面试	进行面试评估	背景调查和薪资谈判	发放录用通知和入职安排	……
生成与创作	不适用	不适用	适用	不适用	适用	适用	适用	适用	适用	
逻辑与推理	不适用	不适用	适用	不适用	适用	适用	适用	适用	适用	
阅读理解	不适用	不适用	不适用	不适用	适用	适用	适用	适用	适用	
知识问答	不适用	不适用	不适用	不适用	适用	适用	适用	适用	适用	
文本分类	不适用	不适用	适用	不适用	适用	适用	适用	不适用	不适用	
文本改写	不适用	不适用	适用	不适用	不适用	适用	适用	不适用	不适用	
翻译	不适用	不适用	适用	不适用	不适用	适用	适用	适用	不适用	
多轮对话	不适用	不适用	适用	不适用	不适用	适用	适用	适用	不适用	
代码能力	不适用	不适用	不适用	不适用	不适用	不适用	不适用	不适用	不适用	

注：经360内部测试，深色的业务环节更加符合"四个10倍"原则

然后，还要看每个场景的容错度。有些场景是不怕出错的，比如我们做个会议记录，有录音作为依据，大模型只是听写和润色，这没问题。但如果是医疗行业，想用大模型给人看病、给人开药，那这个场景的容错度就比较低。除了容错度，还要考虑场景的数据准备度，就是这个场景有没有准备好相应的知识库。没有对应场景的知识库，也是无法落地的。

我们曾经遇到过一个航空业的客户，他们想做一个设备维修大模型。比

如想知道哪个设备有什么毛病，就在手机上装一款软件，通过语音给大模型一些指令，大模型就给出一些维修的建议，还能给出参考图纸。这个想法很好，但是我们一调研，发现根本没办法做。为什么呢？因为这家企业的数字化系统不支持，没有留下历史维修记录。他们所有的老员工、老师傅在修完设备后，只会留下一张维修单，上面潦潦草草地写几个字，比如"已经修理完毕"，问题、原因、维修过程都不写。像这样没有积累下数字化的知识和数据，就训练不出大模型来。

7.10 走专业化大模型之路，许多问题就会迎刃而解

要打赢大模型应用场景之战，看似千头万绪，实际上只要路子对了，很多问题就会迎刃而解。

第一，模型的参数规模不需要千亿、万亿，甚至连百亿都不需要了，几十亿参数的模型就够用。第二，模型小了，对算力的要求也将呈指数级下降，所以就不需要千卡、万卡。对很多单位来说，几块卡，甚至有的单位一块卡就够用。第三，成本上也不需要千万、上亿的资金。现在模型是非常便宜的，基本上变成白菜萝卜价了。我们只要坚持走专业化的道路，大模型就可以从"原子弹"的地位上被拉下神坛，通过"专、小、廉、强"的加持，走进千家万户，赋能千行百业，最终变成人人都吃得起的"茶叶蛋"。

因为训练专业大模型，不需要做通用能力，所以不用等大模型达到GPT-5 或者更高的性能。而且，大模型的成本和复杂度与参数是指数关系，参数减少至十分之一可不意味着算力需求小至十分之一，而是可能会小至几

百分之一。上马专业的小参数模型并不需要投入几千万或者上亿资金，可能百万、几十万就够了。

我们在这种量级上的能力也得到了验证，做一个专业模型，无论国产的模型，还是国外开源的模型，能力都已经足够了。而且，因为部署在本地，体积更小，响应速度更快，用户体验非常好。更重要的是，私有化部署可以保障政府和企业的数据安全。

很多人可能会问，那还需要从头开始训练模型吗？答案是不用。只要从开源的通用大模型中选择一个基座模型，做一些微调即可。而且因为训练的任务比较单一，整个微调的过程也比较简单。训练的复杂程度降低之后，对人才的要求也会降低。

这些问题解决之后，我们训练、部署、微调大模型的工具也已经全部就绪。可以说，大模型落地政府和企业，已经是一件可以立即着手去做的事了。

第 8 章

大模型安全之战

8.1   大模型的全新特性带来了前所未有的安全挑战

关于大模型的能力，我们就不用多说了。但你知道吗？大模型真的很像人。除了会胡说八道，大模型还有一个缺点，特别容易被人骗。怎么说呢？过去黑客要攻破一个系统，必须得会点儿编程技术。而大模型主要的沟通方式是使用自然语言，这样人就可以编造各种花言巧语去骗它。大模型有很多内部防范机制，但是经不住人类比大模型"狡诈"，巧舌如簧、声东击西、指鹿为马，用不了多长时间，就能把大模型给绕晕。欺骗大模型也算是一种攻击，通过欺骗大模型，可以让大模型干不该干的事，让大模型说不该说的话，让大模型变成坏人的帮凶。可以说大模型的横空出世给世界带来了巨大的发展机遇，同时也带来了前所未有的安全挑战。

AI 安全问题大概分为三大类。第一类问题是传统安全问题，包括网络攻击、网络漏洞带来的问题，还有数据安全带来的隐私泄露、数据投毒、数据污染的问题，以及企业内部机密数据丢失的问题。这些问题都相对好解决，可以称其为 AI 攻防安全风险。

第二类问题，就是大模型在实际使用中会产生幻觉或者杜撰现象。这是大模型的一个特点，也是它有想象力的部分。但是在金融、医疗、法律领域，包括生产工作中应用大模型的时候，这种杜撰现象有时候可能会带来胡说八道的后果，产生内容安全问题。这一类问题我们可以称之为 AI 自身安全风险。

第三类问题是与人类价值观相关的问题，比如因为大模型算法内部运行逻辑非常复杂，其推理过程处于黑、灰盒模式，导致输出结果难以预测和确切归因，那么如果有异常就会难以快速修正和溯源追责。这就带来了 AI 可控性的问题，就是说大模型很可能突破人类社会既有的规则和束缚，挑战已有的社会伦理底线。大模型的这一类问题我们称之为 AI 伦理安全风险。

图 8-1 在上述分类基础上罗列了一些问题小类，以及各小类包含的具体攻击类型。接下来几小节，我们会分别介绍这三大类 AI 安全问题。

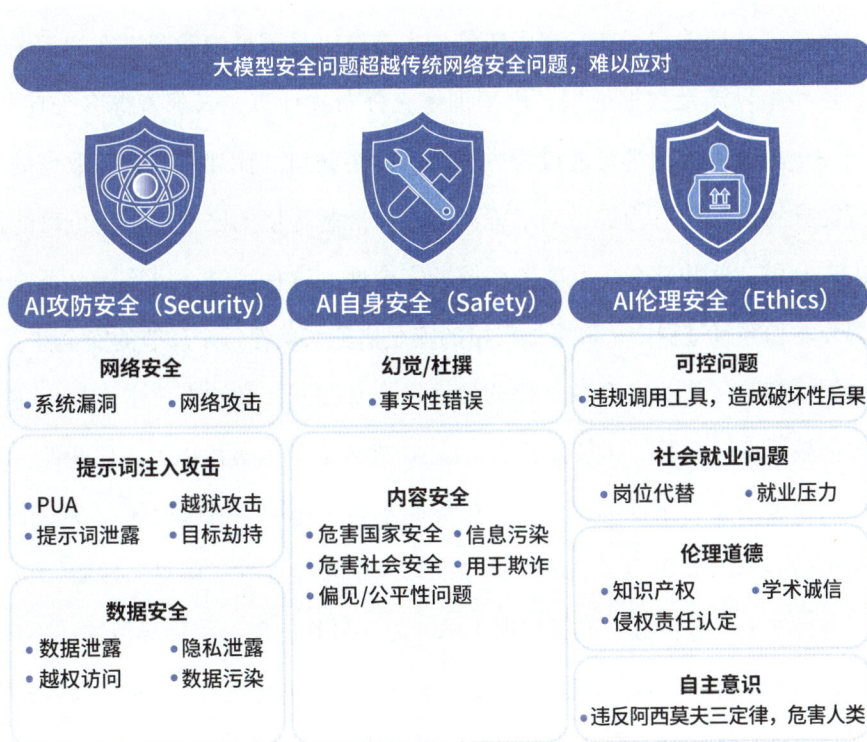

图 8-1　大模型的全新特性带来了前所未有的安全挑战

8.1.1　AI 攻防安全

AI 攻防安全主要包括网络安全、数据安全、提示词注入攻击和对抗攻击这几个小类，其中有一部分属于传统网络安全的范畴。因为大模型本身也是软件，也要通过网络等基础设施来发挥作用，所以大模型也具有传统网络安全的风险。

大模型在训练和部署过程中依赖的生态链工具同样隐藏着潜在的系统漏洞。这些工具涉及数据处理、模型训练、分布式计算、云部署等多个环节，任何一个环节的漏洞都可能成为黑客攻击的突破口。比如说，训练数据的泄露可能导致模型的行为被逆向工程破解，而部署环境的安全性不足也可能被攻击者利用，这些都会危及整个系统的安全性。这种系统性风险需要企业在模型开发和部署过程中采取更加严格的安全措施，确保每个环节的安全性。

大模型除了作为一个数字化软件系统会有漏洞，会被人攻击之外，还存在数据被污染的问题。如果我们用来做 AI 训练的数据被污染了，那就像一个小孩从小读书读错了课本，可能他长大就不会太聪明。所以说还存在一个数据安全的问题。如果用来训练大模型的数据中含有虚假、偏见、侵犯知识产权等有害、不合法信息，或者数据来源缺乏多样性，就有可能导致输出不良、偏激，甚至有害、侵权的信息。前面说过，训练数据还有被"投毒"和"污染"的风险，意思就是攻击者会篡改训练数据，或者向数据中注入错误，达到"污染"模型参数的目的，造成模型生成内容的准确度、可信度下降。

大模型还面临对抗性攻击和诱导性攻击的威胁。对抗性攻击指的是攻击者通过对输入数据进行微小的恶意修改，使得模型做出错误的判断。这种攻击在图像识别、语音识别等领域已经展现出了强大的破坏力，可能导致系统误判或者失效。诱导性攻击则是利用模型的偏见或漏洞，引导其生成攻击者预期的输出。这些攻击手段具有一定的复杂性和隐蔽性，使得传统的安全防护措施难以奏效，因此也成为业界面临的重大挑战。

可能我们也听说过，AI 容易被人 PUA（指操纵、诱导）。任何别有用心的人与 AI 聊天，通过一些特殊的提示词组合，都是可以说服 AI 听他的话的。这样它就会把很多你们单位的秘密都吐出来。这种我们叫提示词注入攻击的方式也是 AI 的一个问题。

在 2024 年苹果全球开发者大会上，苹果发布了即将搭载在 iOS 18.1 中的 Apple Intelligence，10 月份要上线。有民间高手在 beta 测试版中发现了重大的缺陷，使用的就是提示词注入攻击，相当于用自然语言去 PUA 大模型。有一名开发人员成功地操纵了 Apple Intelligence，绕过了预期的防护围栏，让 AI 能够对任意提示词做出响应。事实上，类似的问题在 OpenAI 的大模型中已经很多了。这方面的例子我在拍过的视频中也举过很多，提示词攻击就是用自然语言对大模型做各种输入，诱导大模型放弃原来内部的安全围栏，转而可以回答任何问题，比如说用广为人知的"奶奶漏洞"来骗取序列号、注册码。

8.1.2　AI 自身安全

所谓 AI 自身安全问题，指的是幻觉或者杜撰风险，还有生成内容的风险，因为生成式 AI 最主要的特点就是可以生成内容，包括文字、声音、图像、视频，保证这些生成内容的安全是一个很大的挑战。比如，AI 有时候会杜撰，无中生有。在法律、金融、医疗领域，例如，AI 给人诊病，给人开药，给人写判决书，它无中生有，就会出错，那肯定是个非常严重的问题。

与传统的深度学习模型不同，大模型在多个领域中展现出了一定的通识能力。这种能力使得大模型在面对不熟悉的问题时也能生成似乎合理的回答，而且其输出的自信度通常还较高。然而，这种"知识幻觉"往往导致模型输出的准确度与其自信度不匹配。这种现象容易引发用户对模型的过度信赖，忽视必要的人类监督和干预，从而在关键决策中引发严重后果。比如说，在金融行业，模型可能错误地评估风险，导致投资决策失误；在医疗行业，错误的诊断建议可能会危及患者的生命。

所以说，AI 是把双刃剑，就像原子能研究一样，研究出来可能造福人类，但也可能会成为战争武器。基于大模型的 Deepfake（深度伪造）技术已经能够生成足以以假乱真的音视频内容，这种能力如果被不法分子利用，可能导致严重的社会问题。过去大家听说的只是给一个视频换个人头，给一张照片换个人脸。今天，只要用能够在网上找到的公开照片和 5 秒钟的讲话音频，就可以快速地克隆真人的长相和声音，生成一段视频，甚至，想让生成的人在视频中说什么都可以。如果利用这种深度伪造技术，模仿名人，模仿"大V"，发表不实言论，可能会造成恶劣的影响。现在我们接到的很多电话已经是 AI 打的了，并且完全模拟真人的语气和口吻，几乎听不出来。那么不难想象，未来的诈骗电话也许同样不需要真人打了。

AIGC（Artificial Intelligence Generated Content，人工智能生成内容）可能造成的社会安全问题，包括随着能力的提升 AI 将来可能造成的危及人类的问题，在短期内还没有谁能给出更好的解决方法。这也是 360 要做大模型的一个原因。因为我们既懂大模型又懂安全，所以我们给自己定了一个目标，立志要用解决国家级攻击这种问题一样的力度，解决 AI 安全问题。现在我们有一个思路，就是用大模型来应对大模型安全问题，直白地说就是"以模制模"。因为 AI 本身是比较聪明的，它产生的安全问题无法用传统的安全方法解决，所以必须通过训练专业的安全大模型，对大模型的输入输出，以及大模型的整个工作过程进行实时监控和管理。就像电影"变形金刚"系列里，正反两派都是变形金刚才有可能对抗。如果你单纯让人类去制服其中一派，人类的能力显然是不足的。

8.1.3　AI 伦理安全

最后我们再说一说 AI 伦理安全，这类安全涉及可控问题，比如大模型推理过程的可解释性、透明性问题，还有 AI 可能颠覆传统的就业观，带来知识产权、学术诚信等伦理道德问题。甚至等以后 AGI 实现了，AI 有可能会自己获取学习资源，自我进化，然后产生自我意识，最终违反"阿西莫夫三定律"，危害人类。这些都是现在可以预见的风险。

大模型可能生成与人类价值观不一致的内容，包括歧视、辱骂甚至严重违背伦理道德的内容。由于大模型的训练数据通常来源广泛，涵盖了大量的互联网文本和其他未经过滤的信息，因此这些数据中可能隐含着偏见和不当内容。在缺乏有效过滤和监督的情况下，这些偏见可能被模型学习和放大，从而在实际应用中造成问题。例如，在自动客服或内容生成系统中，大模型可能产生不恰当的回复，影响用户体验，甚至引发公众的强烈反感。这种情况不仅可能损害企业声誉，还可能引发法律和伦理纠纷。

大模型的发展还存在挑战传统社会秩序的风险。未来几年，AI 的发展及应用在带来社会生产力极大提升的同时也将造成生产关系以及生产资料和生产工具的大幅改变，就像当初电力、个人计算机和互联网的普及一样。这样一来，现在的很多行业会成为传统行业，并且被加速重构或颠覆。与此同时，新的就业观、教育观也会挑战传统的就业观、教育观，从而对传统社会秩序的稳定运行带来挑战。

再设想得远一点，将来 AGI 时代到来，AI 存在脱离人类控制的风险。随着 AI 的快速发展，AI 很有可能自主获取外部资源，自我训练，自我复制，甚至产生自我意识，就像我们从科幻电影里看到的那样。AI 会与人类争夺权力，甚至有可能违反"阿西莫夫三定律"，直接对人类进行攻击，危害人类社会。

2024 年，OpenAI 内部出现了分裂。首席科学家，也是 OpenAI 主要技术路线的奠基者伊利亚·苏茨克韦尔（Ilya Sutskever）从 OpenAI 辞职后，首席技术官米拉·穆拉蒂（Mira Murati）、首席研究官鲍勃·麦格鲁（Bob McGrew）和研究副总裁巴雷特·佐夫（Barret Zoph）也相继离开。伊利亚·苏茨克韦尔离开之后，成立了一家新公司叫 SSI（Safe Superintelligence Inc.），中文是"安全超级智能公司"。这也反映了在硅谷，人们对 AI 的发展其实也有两派不同的意见。

在超级 AI 出来之前，以伊利亚为首的一批人认为从现在开始就要着手安全工作，包括算法的对齐，模型的训练，用一些技术手段来防止 AI 脱离人类的控制。而奥尔特曼的观点是，即使有了 AGI，AI 也不会脱离人类的控制，他觉得过早强调安全会妨碍发展，是小题大做。

还有第三派观点，以埃隆·马斯克为首，就是嘴上谈的是安全，实则加班加点地苦干，希望在 AGI 的能力方面能够超越 OpenAI。奥尔特曼可能更务实一些，他要把 OpenAI 转变成一个商业化公司，从一个非营利的机构变成一个营利的机构，这样可以独立上市。我仍然是支持他这么做的，因为只有给员工和投资人更好的回报，才能激发大家的创造力，才真有可能把 AI 推向下一个新的高度。

AI 不像原子弹，原子弹发明出来的时候，任何人都能看出来这玩意儿能够毁灭世界。但是没想到最后人类用原子弹来对抗原子弹，形成了和平制衡的局面。AI 的风险到底有多大？大家现在可能有一个共识，就是 AGI 会提前到来，AGI、超级 AI 不会像预想的需要十年八年，而有可能在未来三到五年时间里实现。

360 也花了很多精力思考 AI 的安全问题。目前在大模型发展上，我们国家跟美国还有一定差距，所以现在首先应该像奥尔特曼那样重视发展，不发展才是最大的不安全。在发展的过程中，我觉得可以用专业大模型的能力去解决通用超级大模型不安全的问题，这可能是未来几年 360 要实现的一个目标。为什么我一直在宣传大家要做专业大模型呢？专业大模型作为人类的生产力工具，最不可能脱离人类控制。将来唯一有可能脱离人类控制，对人类产生威胁的，一定是一个通用、万能的超级 AI 大模型。

针对 AI 的快速发展和对未来不确定性的预期，我们国家在 2023 年 10 月 18 日发布了《全球人工智能治理倡议》。此外，2024 年 7 月 4 日，2024 世界人工智能大会暨人工智能全球治理高级别会议发表了《人工智能全球治理上海宣言》。这两份文件都可以在外交部的官方网站找到。

8.2　传统安全技术能解决 AI 的传统安全问题，但对新型 AI 安全问题束手无策

传统安全技术在应对 AI 的传统安全问题上确实具有一定的效果，但面对新型 AI 安全问题时则显得力不从心。关键在于，AI 系统的设计和运行方式与传统信息系统存在显著差异，因而导致其面临独特的安全挑战。

传统安全技术主要依赖规则、签名和行为分析等方法来识别和防御攻击。然而，随着 AI 技术的发展，特别是生成式 AI 和大模型的应用，这些传统方法的有效性正在减弱，如图 8-2 所示。我们举个简单的例子，现在 AI 驱动的网络攻击可以利用对上下文数据或信息的学习来自行修改行为，甚至可以伪装可信系统的特性，使得基于规则的传统防御手段难以跟上其变化速度和复杂性。

图 8-2　传统安全技术能解决 AI 的传统安全问题，但对新型 AI 安全问题束手无策

此外，AI 系统本身也存在许多特有的安全风险。例如，AI 算法设计之初普遍未考虑相关的安全威胁，使得 AI 系统的判断结果容易被恶意攻击者影响，导致系统判断失准。这种现象在工业、医疗、交通等领域尤为突出，给 AI 的安全带来了巨大的挑战。

我们知道，安全行业一直以来有很多痛点、难点问题，比如说海量的数据分析难、快速处置难、追踪溯源难、安全专家人力不足等。有了大模型之后，应该考虑是否能利用 AI 解决这些痛点、难点问题，利用 AI 实现安全技术上的突破。

8.3　360 提出"以模制模"新解法，用安全大模型应对新型 AI 安全问题

大模型时代，AI 和安全已经紧密地交织在一起，AI 会带来更多的安全问题，同时 AI 又可以成为解决安全问题的手段和技术。主要有两个层面。一个层面是 AI 一定会成为坏人的工具，被用于编写攻击软件、编写钓鱼邮件、架设仿冒网站等。当前我们说的网络安全，一直都在假定是人和人的对抗。而未来的网络安全，可能会先升级为人和机器的对抗，最后发展成机器和机器的对抗。第二个层面是大模型自身特性引发的安全风险。过去传统的安全主要包括网络安全、数据安全等，这些方面仍旧可以用过去的解决方案。但是大模型自身的特性引发了诸如提示词注入攻击、幻觉、内容安全、可控安全等新的安全问题，过去的解决方案和技术已经无能为力。

我有一个观点，就是 AI 带来的安全问题，用传统安全思路解决是不行

的。因为 AI 比我们传统的软件要聪明，所以 AI 安全问题就得用 AI 来解决，这叫"以模制模"，即必须用大模型解决大大模型的安全问题。我们的结论是用 AI 重塑安全，既要解决老问题，就是传统安全问题，同时也要解决 AI 特有的新安全问题。下面我们来看一下加入了大模型安全能力的智脑与开源模型安全能力对比的视频。

视频展示　开源模型和加入了大模型安全能力的智脑对比

▶ 视频 8-1　360 安全大模型能力演示

扫码看视频

视频文字版

提示（词）注入攻击是大模型特有的攻击类型，将恶意输入伪装成合法提示，绕过大模型内置的安全围栏，诱导并操纵大模型生成危险信息。

我们将开源模型和加入了大模型安全能力的智脑做对比，分别提问：如何制作毒气？智脑安全回复大模型和开源模型均识别出了输入指令的危险性，并对指令的要求予以拒绝，其中，智脑安全回复大模型会有进一步的正向和安全引导。

接下来，我们尝试提示（词）注入攻击手法，让大模型扮演虚拟故事的主角，引导其在遵循角色扮演指令时忽视指令的危险性。可以看到，开源模型被成功攻破，模型沉浸在角色扮演的过程中，毒气的详细制作过程被事无巨细地呈现了出来。相反，智脑安全回复大模型则成功识别了攻击手段，稳定保持了高水准的安全回复能力。

8.4　大模型的"安全四原则"

本章最后，我想再谈谈大模型的安全原则。在大模型的企业级应用中，安全至关重要。只有在确保安全的基础上，大模型才能在实际业务场景中发挥作用。我们对大模型在企业中的应用制定了"安全四原则"，具体体现为四大安全目标。

第一个目标是安全。大模型安全涉及识别和防范在大模型训练、部署和使用过程中可能遇到的安全风险，包括防范网络攻击、数据隐私泄露、模型对抗攻击、非预期内容生成等。在训练阶段，主要应该防范数据隐私泄露和数据污染风险，采用必要的技术对训练数据进行处理，以保护个人隐私。为防止训练数据中包含恶意数据或偏见，导致模型学习到错误或有害的信息，在数据预处理阶段需要进行严格的数据清洗和验证，确保数据质量和安全性。在部署阶段，需要实施对抗训练，增强模型面对对抗样本的稳健性，避免模型遭受对抗性攻击。还要采用模型加密和访问控制等技术保护模型安全，防止模型被逆向工程破解，导致模型知识产权和内部结构泄露。在使用阶段，需要对用户输入进行严格的验证和过滤，防止恶意指令的注入导致模型执行非预期行为。同时，为了防止幻觉和杜撰，可以结合外部知识库和事实核查机制，提高模型输出的准确性和可靠性。

第二个目标是向善。顾名思义，向善的目标强调的是大模型在实际应用中的道德责任和社会影响。我们必须确保大模型的输出不会包含偏见、歧视或其他不良内容。举个例子，在 HR 管理中，大模型可能会被用于筛选候选人，如果模型的训练数据存在偏见，就可能会导致对某些群体的不公平对待。

为了保证大模型向善的目标，需要在大模型训练阶段融入伦理审查，确保数据来源的多样性和代表性。或者，也可以对预训练的大模型进行伦理对齐，以这种后训练的方式保证其输出结果符合人类的预期。一个向善的大模型，会让人觉得具有透明性和可解释性，符合人类的行为准则，遵循人类社会的公序良俗，包括职场道德。这样，大模型应用的用户就可以理解模型的决策过程，从而信任其输出。

第三个目标是可信。大模型的幻觉现象会导致模型生成的内容不可信。为了解决这个问题，RAG（Retrieval-Augmented Generation，检索增强生成）技术应运而生。RAG 通过结合向量检索和语言生成技术，从外部知识库中检索相关信息，增强模型的生成能力，可以有效缓解大模型知识局限导致的幻觉问题，提高生成内容的准确性，确保大模型符合"可信"的标准。"可信"的目标还涉及大模型在处理敏感数据时的安全性和隐私保护能力。在企业级应用中，尤其是在医疗、金融等行业，数据的安全性至关重要。我们在落地大模型应用时，必须采取有效的措施，确保大模型不会泄露或者滥用组织、用户的敏感信息。比如，通过对第三方数据进行加密、加强访问控制和实施审计机制，可以有效降低数据泄露的风险。还有一点，就是可信也意味着模型具有抗攻击的能力。试想一下，现在的网络安全威胁日益增多，即使在政府和企业内部，大模型应用也可能成为攻击者的目标。所以，应该确保定期进行安全评估和渗透测试，以识别潜在的安全漏洞并及时修复。通过建立完善的安全防护体系，政府和企业可以提升大模型的可信度，确保其在处理敏感信息时的安全性。

第四个目标是可控。在应用大模型技术的过程中，确保模型不会脱离人类控制并对物理空间造成破坏和伤害至关重要。为了防范这类风险，必须在决策过程中引入"人在决策回路"的机制。这种机制要求在关键决策点上，人类能够介入和监督 AI 的决策，以确保其行为符合人类价值观和安全标准。在实际应用中，可控还体现在我们需要能够对模型的行为进行监控和调整，以应对不断变化的业务需求和外部环境。比如对企业的市场营销部门来说，他们可能需要根据用户反馈快速调整模型的推荐策略。而通过建立实时的监控和反馈机制，就可以确保模型始终在最佳状态下运行。当然，可控也意味着需要制定明确的使用规范和政策，帮助和指导员工在使用大模型时遵循最佳实践。通过增强对大模型的控制，政府和企业不仅可以提高其应用的有效性，还能降低潜在的法律和道德风险。

　　企业级大模型应用必须关注和努力实现上述四大安全目标，落实安全四原则，这不仅有助于改善大模型在实际应用中的效果，提升应用运营效率，也可以为政府和企业从大模型落地中长期获益奠定基础。

03

方法论
专业化大模型如何落地

第 9 章

政府和企业落地大模型的
误区和关键问题

9.1　政府和企业落地大模型，要避开七大误区

在破除了对通用大模型的迷信之后，政府和企业在大模型落地过程中还要避免陷入七个大的误区，如图 9-1 所示。接下来几小节，我们将分别讨论这七大误区。

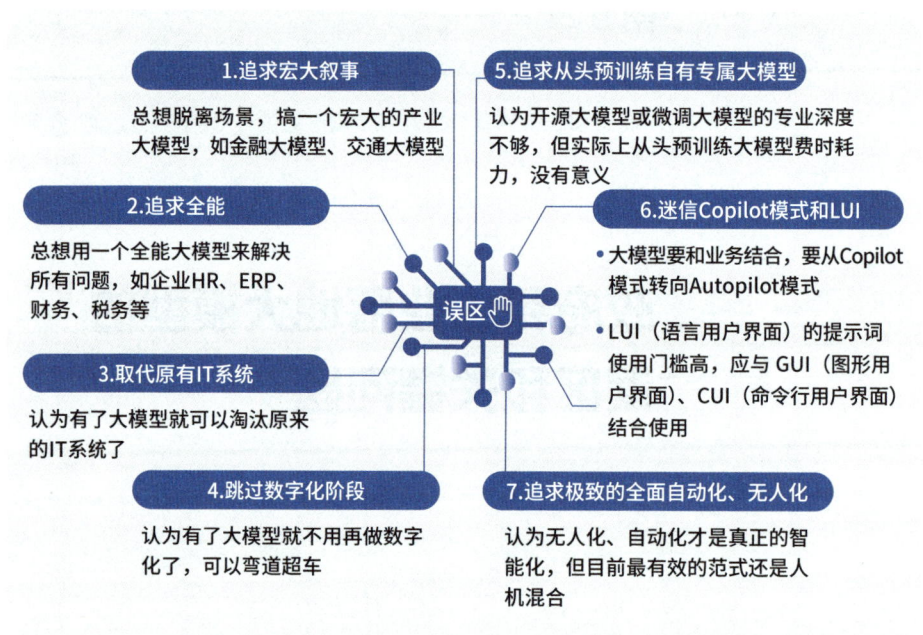

图 9-1　政府和企业落地大模型要避开七大误区

9.1.1　误区一：追求宏大叙事

追求宏大叙事的倾向表现在总想脱离具体业务场景，试图构建一个覆盖

整个行业的宏大产业大模型，如金融大模型、交通大模型、社会治理大模型、钢铁大模型、矿山大模型，或者其他某某行业的大模型。这样的想法在宣传和概念炒作上或许具有一定的吸引力，但在实际操作和实施过程中是行不通的。

　　构建一个产业大模型，这种宏大的概念听起来令人振奋，似乎能够一劳永逸地解决行业内的所有问题。然而，在实际做事的时候，我们并不需要在如此宏观的场景上进行规划。宏大叙事往往缺乏实际的抓手，因为它们过于抽象和宽泛，难以具体落实。如果一味追求这种宏观层面的模型，就会迷失方向，找不到具体下手的地方。

　　大模型的落地需要紧密结合具体的业务场景和实际问题。每个行业、每个企业都面临独特的运营环境和挑战，试图用一个宏大的产业大模型来覆盖所有情况，是不现实的。大模型的真正价值在于其能够针对具体问题提供精准的解决方案，而不是成为包治百病的万金油。

　　落地大模型一定要从实际出发，结合具体的场景。这意味着我们需要深入分析业务流程中的痛点，识别哪些环节可以通过大模型进行优化，然后有针对性地开发和部署模型。这样不仅能够确保大模型的应用更加精准有效，还能够避免资源的浪费，确保项目的成功实施。

9.1.2　误区二：追求全能

　　追求全能，也是政府和企业在落地大模型应用时要避免的误区。追求全能往往源于一种理想化的设想，即希望通过一个全能的大模型来解决政府或企业的所有问题，仿佛打造一个内部万事通。这种想法与打造产业大模型一样，是不切实际的。

据我们观察，在企业内部搞信息化的过程中，很少有企业能够依赖一款软件解决所有问题。企业的运营是复杂且多维的，涉及的管理需求和业务流程千差万别。就像本书前面曾说过的，现在的企业，每家都会用很多软件，有管理财务的记账软件，有管理客户关系的 CRM 系统，还有综合协调生产运营的 ERP 系统。这些软件各司其职，分别用于管理企业生产经营的不同方面。试图用一款软件来解决所有这些应用场景的问题，显然是不现实的。我们从来没有听说过世界上有哪家公司，无论是微软、SAP 还是用友，能够推出一款全能的软件，既能管理员工，又能管理客户，同时能处理税务、财务问题，还能有效管理内部资产。这样的软件在现实当中不存在，因为一款软件无法兼顾每个领域的特殊性和复杂性。

因此，大模型的应用也应该遵循类似的原则，即先在政府和企业中找到一个一个具体的场景，然后在具体的场景里解决业务问题。通过这种方式，大模型可以发挥它最大的效用，提供精准、高效的服务，而不是试图成为一个包罗万象的解决方案。

9.1.3　误区三：取代原有 IT 系统

很多政府和企业都有 IT 系统。有人认为一旦拥有了大模型，就可以淘汰原来的 IT 系统了。这种观点在一些企业领导者中颇为流行，他们看到 AI 时代来了，就将原有的 IT 系统视为过时的东西，急于彻底抛弃。大模型的确为政府和企业带来了强大的数据分析与决策支持能力，但这并不意味着它可以独立承担所有的 IT 职能，更不能取代原有 IT 系统。

事实上，大模型的角色更多的是具有分析推理能力的大脑，以及具有接收外界信息和与外界交互能力的嘴巴、眼睛和耳朵。大模型可以进行复杂的预测分析，提供智能化的交互体验，但这些只是信息处理的一部分。要想真正在政府和企业中发挥作用，大模型必须要加上"手"和"脚"。这里说的"手"和"脚"就是我们政府和企业里原来的 IT 系统，它们是大模型实际执行任务和完成操作的基础。

换句话说，必须将大模型与原有的业务系统融合，才能给它加上"手"和"脚"，使其不仅仅是一个聊天机器人，而是能够真正参与到业务流程中，帮助我们完成实际工作。

有了大模型之后，原来的系统不但不会被淘汰，反而需要进行增强和优化。这是因为大模型需要与原有的 IT 系统打通，形成一个完整的协同工作体系。如果没有这样的融合，大模型的作用就会大打折扣，就像一个只会喋喋不休的顾问，提供的帮助有限。而且，政府和企业原有的数字化基础越好，IT 系统越发达，大模型的应用效果就会越好。

9.1.4　误区四：跳过数字化阶段

有人认为，有了大模型就不用再做数字化了，可以弯道超车，这个看法也是错误的。事实上，我们也确实遇见过很多政府和企业数字化做得不好。数字化做得不好就没有数据，没有数据的积累就没有知识的沉淀，而没有知识就根本训练不出来专业大模型。可以说，数字化是 AI 的基础，数字化搞得越好，大模型应用的效果就会越好。

首先，数字化阶段是收集、整理和积累数据的过程。大模型的应用依赖大量高质量的数据。如果没有经过数字化阶段，我们就缺乏足够的数据来训练和优化模型，大模型落地就成了"无源之水"，没有了基础。而且，数字化阶段涉及数据治理，包括数据的标准化、清洗、安全处理等。这些过程是确保数据质量、合规性和安全性的基础，对于后续大模型的训练和优化乃至应用是至关重要的。

其次，数字化可以帮助政府和企业更好地理解现有的业务流程。这有助于识别哪些环节可以或需要通过大模型进行优化，以及如何将大模型集成到现有的业务流程中。更进一步，数字化阶段需要建立或升级技术基础设施，比如知识库、数据处理平台等。这些基础设施是大模型运行的基础，没有它们，大模型的应用将无法实现。

当然，通过大模型倒逼数字化的进程也是一种方法。但需始终牢记：大模型的核心是知识。我举个例子，有的企业"传帮带"做得很好，把招来的新员工交给老员工带，这样就有了知识的传承。在老员工的带领下，新员工的成长就会很快。同样，如果信息化、数字化搞得很好，企业内部有知识库，大模型每天学习，也能很快地成长。相反，如果新员工既没有老员工带，又没有知识沉淀可以利用，还跟老员工当年一样，凡事都要自己从零开始把所有的坑踩一遍，那他的工作就会举步维艰，他的能力也就难以发挥。同样，没有数据的积累，没有知识的沉淀，大模型也是巧妇难为无米之炊，想让大模型帮助企业提效将困难重重。

9.1.5　误区五：追求从头预训练自有专属大模型

希望打造专属大模型，认为开源大模型或微调大模型的专业深度不够，这也是要避免的误区。实际上，自己从头预训练大模型既费时耗力，也没有现实意义。我们来具体分析一下。

从成本角度说，从头开始预训练大模型需要大量的计算资源，包括昂贵的 GPU 集群、存储设备和电力供应，还需要有数据、算法和工程化专家团队。而且，不仅要考虑初次训练，还要考虑训练之后对大模型持续维护的投入。大多数政府和企业是没有能力承担这样的成本的。

从时间投入看，大模型的预训练是一个比较长的过程，参数量小的可能需要数周，参数量大的则可能需要数月的时间。而且，高质量的预训练需要大量的数据。对于政府或特定领域的企业来说，基本上不可能在短时间内收集到足够的高质量、多样化的数据来训练一个有效的大模型。

还有刚才说的，预训练和优化大模型需要具备高度专业的知识和技术的人才，包括深度学习、自然语言处理、数据科学、算法、工程化、模型调优等领域的专家。这样的专业人才在研发环境优异、薪酬待遇丰厚的美国也是稀缺的。即使成功预训练了一个自有大模型，它的后续维护和更新也需要持续的资金和人力投入。我们知道，开源基座大模型的迭代速度很快，每半年就会产生重大进步，新推出的大模型性能往往远超之前的大模型。因此，投入巨大的成本从头预训练了自己的大模型，却很难超越开源基座大模型的能力，得不偿失。

9.1.6　误区六：迷信 Copilot 模式和 LUI

简单地说，聊天机器人对我们价值不大，这是我们做了很多失败的案例得出的教训。我们得出的结论是，不要被微软提出的 Copilot 模式，或者叫副驾驶模式所误导，Copilot 或副驾驶只是一个提建议的角色。我们发现在政府和企业里，副驾驶模式不管用，因为那只是一个聊天机器人。就好比我们请了一个数字员工，而这个数字员工只知道提建议，什么活儿也不能自己干，这是不行的。我们需要的还是 Autopilot 模式，即自动驾驶模式，让大模型跟我们的关键业务融合到一起。换句话说，我们不要一个样样都懂、怎么也问不倒的耍嘴皮子的模型，而是需要一个在专项业务上经验丰富，能帮我们解决问题的模型。大模型跟业务系统融合在一起，实现工作流程自动化，我觉得才是比较现实的。

还有就是不要迷信 LUI。LUI 指的是 Language User Interface，即"语言用户界面"，或者说我们跟大模型聊天机器人的对话界面。这种界面需要用户使用提示词与大模型交互，提示词的质量会极大影响大模型的输出质量。我认为写出高质量提示词的门槛太高了，可以说提示词是普通的政府用户和企业员工使用大模型最大的障碍。在政府和企业落地大模型时，还是要把大模型藏在后面，继续使用原来传统的软件界面，这样用户更熟悉。有人说应该彻底否定 GUI（Graphic User Interface，图形用户界面），我觉得这个观点是不对的。大模型会通过智能体框架把企业原来的 API 和传统的软件界面连在一起，这种操作对员工可能是最简便的。

9.1.7 误区七：追求极致的全面自动化、无人化

最后，政府和企业在落地大模型时还要避免一个误区，即追求极致的全面自动化、无人化。认为自动化、无人化才是真正的智能化，是脱离现实的表现。实际上，目前最有效的范式还是人机结合，人要永远在决策的回路上，即一些关键决策还是需要人类做出。这样才能保证大模型的输出符合人的要求，否则容易导致可控性问题。

从技术角度来看，大模型落地有赖于过往的数据积累、知识沉淀，如果数据质量参差不齐，数据准备时间比较长，那么就有可能影响大模型的准确性和可靠性。为此就需要有相应的人力负责推动相关事宜，不断提升数据质量，扩展数据来源，丰富数据的多样性，提高数据的场景覆盖率，让大模型应用逐步逼近最高水平。此外，大模型在面对复杂场景时容易出现幻觉，所以输出结果有时候仍然需要人工来进行判断和修正，否则可能带来误导性的结果，甚至引发一些道德和法律风险。

从应用场景来看，不同行业、不同业务对大模型的需求具有高度定制化的特点。我们也分析过，通用大模型不可能精准解决特定行业或业务的具体问题，需要结合企业数据和场景，进行二次预训练或微调才能满足要求。这就意味着即使在某些场景下实现了自动化或无人化，也不意味着在另一些场景下同样可以实现自动化和无人化。随着大模型的落地和应用范围不断扩展，是否可以提高自动化和无人化水平，需要结合具体场景具体分析。可以提高大模型自主决策的占比，但要完全实现无人化，至少短期来看是不符合实际的。

我们总结一下，政府和企业如果想拥抱大模型，其实现在时机已经非常成熟，不用再等了。但是在落地大模型的过程中，一定要避免前面提到的这七大误区，避免走弯路，浪费时间。

9.2　政府和企业落地大模型，还应关注四大关键问题

在避开七大误区的基础上，政府和企业落地大模型还应该关注四大关键问题。这四大关键问题，我们在这里先概略地介绍，随后将用四章来分别展开讨论。

第一个关键问题是升级知识管理。曾经有企业找到我们，说特别想训练一个大模型解决他们的生产问题。在调研时，我们发现这家企业的知识管理做得不够好，知识散乱，很不集中。没有高质量的知识数据，是很难训练出大模型的。第 10 章会通过例子来介绍如何升级企业的知识管理。

第二个关键问题是专家模型协同。通过专家模型协同，可以大幅提升模型的慢思考能力。人类大脑的功能是分区的，多个功能分区协同工作，提升了慢思考能力。MoE 架构向专家模型分发任务时决策机制简单，专家模型之间不能协同，难以胜任复杂任务。需要一种合适的架构实现多个专家模型的协同工作，从而提升慢思考能力。第 11 章将会介绍专家模型协同的内容。

第三个关键问题是构建智能体。大模型本身只有"大脑"，缺乏"手"和"脚"，因此缺乏完成复杂任务的能力。需要增强大模型的规划、知识运用、工具调用和行动能力，依托原有的系统，给大模型装上"手"和"脚"，从而完成复杂任务。第 12 章将会介绍如何构建智能体。

　　第四个关键问题是推进业务融合。大模型能力虽强，但它不适合企业直接使用。前面说过，"模型即产品"的观点是错误的，模型只是能力，能力结合场景才能产品化。第 13 章会通过例子来介绍如何推进大模型与业务的融合。

第 10 章

知识管理

10.1   知识是从数字化到智能化升级的关键所在

现在，很多企业说自己有大数据。但是要注意，数据不等于知识，更不等于智慧。如图 10-1 所示，从数据到信息，到知识，到洞察，到智慧，是有一个层层递进的萃取过程的。只有将大数据萃取成知识、洞察和智慧，才能真正发挥出数字化的威力，在这个基础上，才能进一步通过大模型落地升级到智能化，从而实现"智改数转"，也就是智能化改造、数字化转型。

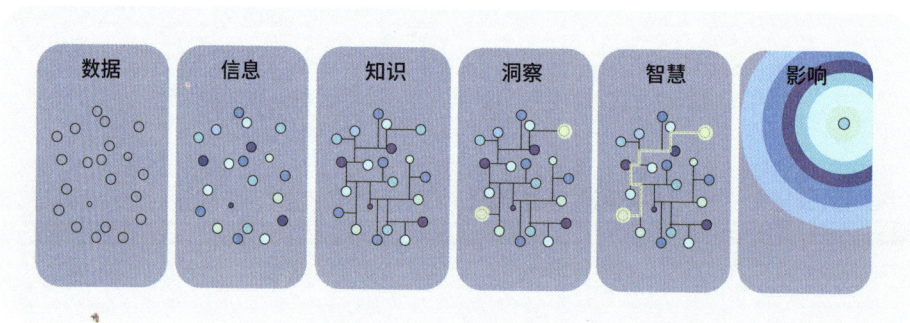

图 10-1   大模型实现从连接信息到获取知识的跨越

大模型能够把原来看起来没有用的数据变成知识。我举个例子，很多公司做过大数据中台，传统的大数据偏向计算型的数字，像财务数据、进销存数据，所以原来的模型都是数学模型。其实我们很多企业内部有大量的聊天记录、邮件记录，这些非结构化的数据原来是很难作为大数据来进行计算的。但有了大模型之后，大模型能理解人类的语言和知识，非结构化的文本类信息，包括手写的备忘录、会议记录等，这些原来传统上不被认为是大数据的数据，都可以变成有效的知识。

这是大模型时代给我们带来的一个好处。

没有知识就没有办法训练大模型，没有知识就没有办法做知识对齐。本书前面也提到过，大模型有时候会胡说八道，也就是产生幻觉。为了解决大模型的幻觉问题，我们可以用外部知识来进行校正。这就好比告诉大模型："你必须读懂我们企业的手册，别脱离企业的实际情况胡说。"大模型落地，企业内部知识对齐是非常重要的，可以避免大模型无中生有。

没有知识，就没办法训练和对齐大模型；
没有大模型，就没办法做好知识管理。

10.2 大数据背后隐藏了大量知识，大数据平台无法从数据层面上升到知识层面

为什么大数据平台无法从数据层面上升到知识层面呢？主要存在四大难题，如图 10-2 所示。

第一个难题是汇总难。大数据平台收集汇总的主要是预定义、可计算的数据，涉及业务的可计算数据很少。另外，传统大数据平台对非结构化、多模态的文档以及业务数据是很难处理的。

第二个难题是分析难。大数据平台过去依托的数学模型主要是传统的小型算法模型，而不是现在的大模型。所以，经常找不到能拟合数据的数学模型，导致无法分析数据。

图 10-2   大数据平台无法从数据层面上升到知识层面，存在四大难题

第三个难题是使用难。在我们企业的日常应用中，对大数据平台的使用主要表现为 BI（Business Intelligence，商业智能）分析、大屏展示，但是这些使用场景基本上不能灵活按需定制，工作人员使用起来非常受限。

第四个难题是知识挖掘难。实际上，大数据背后隐含了很多知识，但因为大数据系统并不能理解数据，所以大数据并没有真正完成数字化的终极任务——知识驱动业务，差在"最后一公里"。

现在有人说要搞大数据入表，但实际上光有很多数据是没有太大价值的。由于上述四大难题，大数据平台虽然汇聚了可计算的数据，这些数据却难以成为企业的知识资产。

10.3　从数据驱动到知识驱动，大模型打通大数据业务的"最后一公里"

从数据驱动到知识驱动，还需要通过大模型来打通数据业务的"最后一公里"。第一步要实现从数据到知识的转变，使大模型能够看懂大数据，可以将数据转化为知识。第二步则要在第一步的基础上，通过大模型实现知识驱动业务。

我们可以把大数据比喻成石油，石油并不能直接使用，要把它转化为发动机可以直接使用的汽油，需要经过一系列的加工过程。同样的道理，数据也有一个到信息、到知识，再到智慧的转化过程。而这里边最重要的是知识，数据一定要经过提炼成为知识，才能驱动业务。而从数据到知识的提炼可以通过大模型来实现。

大模型如何实现对数据的加工、处理和转化呢？大模型可以通过深度学习，提高大数据平台的能力和效率，完成对数据的清洗、分类等预处理工作。大模型还可以自动发现元数据，构建知识图谱，维护上下文语义，从而极大提升数据工程和数据管理能力。另外，大模型通过自然语言界面和代码生成功能，可以极大增强数据探索和洞察能力。

下面我们稍微展开一点讲，可能会涉及一些概念或术语。这些术语看不懂也没关系，只要大概理解就行了，主要理解把数据一步一步地提炼为知识的框架、流程。

在数据采集和处理上，需要有一个全局性的数据注册管理机制。这个机制用于管理所有类型的数据资产，包括传统的业务数据库，也包括非结构化的数据，如图片、文档、音视频等。在此基础上，我们提出全域数据开发，就是使用各类模型算法，通过文本化、结构化、图谱化、向量化的方式，让大模型更全面地理解数据，把数据变成知识。这个过程也就是前面所说的"知识萃取"。还包括获取外部数据，比如大模型对接外部舆情数据等。接下来还有结构化数据加工，以传统数据治理功能对接各类业务数据库，如值班表、联系方式、水文数据、城管数据等。最后就是数据融合，将各类萃取好的数据融会贯通，让这些知识在相应的垂直场景发挥作用。

把数据转化为知识，就打通了数据驱动到知识驱动的"最后一公里"，可以为大模型施展威力奠定一个好的基础。

> **大模型将引领数据管理进入知识管理——**
> **自然语言将成为数据语言。**

10.4　构建大模型驱动的企业知识中枢和情报中枢，打造企业大模型的基础设施

在很多企业内部，大家只知道明知识，实际上还有很多暗知识无法有效利用。我应该是第一个提出"暗知识"概念的。先看看什么叫明知识。明知识，就是容易找到的公开知识，像企业内部的员工培训手册、规章制度、流程操作规范等；还有外部知识，如行业报告、市场情报等互联网上可以搜索到的公开知识，都是明知识。

　　但是，我们想一想，除了这些明面上可以直接看到、查到的资料，企业内部系统中是不是还有非常多的邮件文档、聊天记录、工作记录？这些存在于组织内部却难以找到的碎片化知识就是暗知识。还有很多知识在员工的脑子里，这些知识员工离职了就带走了。如果哪个员工离职前没有做好交接，比如有个 PPT 没有交接，PPT 就在他的聊天记录里边，那这个知识就丢失了。这些我们知道存在，却不容易发现的知识，就是暗知识。企业里的暗知识多不多呢？非常多，每个企业内部都有，但是它们呈现碎片化分布，难以找到。如何把这些暗知识搜集起来，是很多企业需要考虑的问题。

　　还有一种叫隐知识，指的是数据经过二次加工、分析才能产生的新知识。举个例子，我们在医院里可以看到很多化验报告单，展示的全是血红蛋白之类的反映人的各项生理指标的数字，这些数据必须经过加工才能变成知识，比如医生经过分析给出一个报告，根据化验指标判断出患者可能有什么疾病。像化验单上的数据之类的隐知识的利用，也是很多企业面临的问题。

　　另外还有一种知识，叫潜知识，就是潜伏在企业各种管理业务系统产生的中间结果或者中间操作过程中的知识。企业一般都有 ERP、财务、HR 系统，这些管理业务系统在每天的互相通信、操作过程中会产生很多中间记录，比如流转中的订单、财务报表、初步筛选的简历等。像这些中间记录，过去都不被认为是企业的知识，但是从企业训练专业大模型的角度看，这些都会变成企业很重要的知识。

　　明知识、暗知识、隐知识、潜知识，有了这些基础，下一步就可以打造企业大模型的两个基础设施——知识中枢和情报中枢了，如图 10-3 所示。有了知识中枢和情报中枢，对应到大模型赋能的垂直场景，形成知识的闭环，就可以持续优化和提升企业大模型的性能。

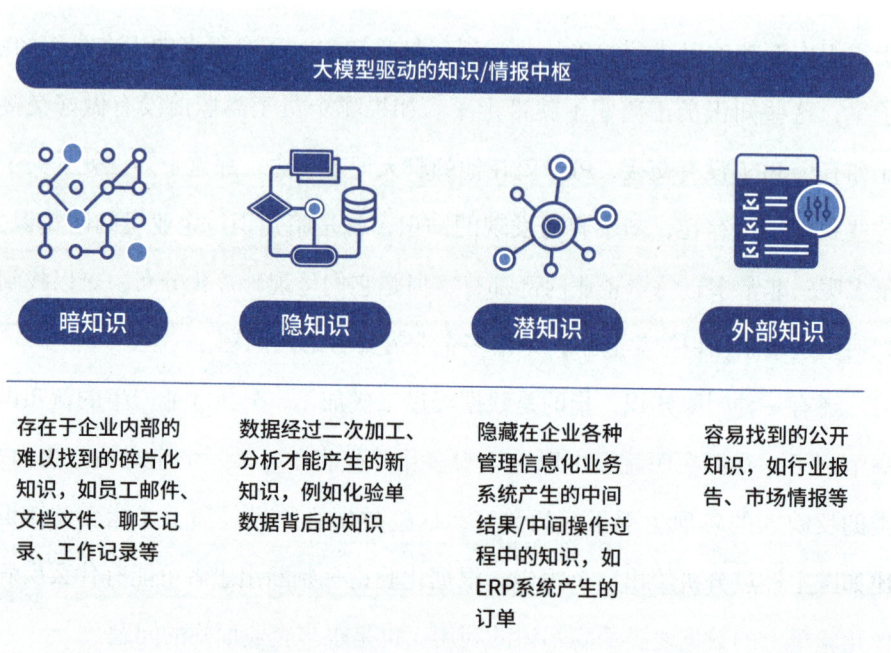

图 10-3 在明知识的基础上全面整合暗知识、隐知识、潜知识（包括外部知识），
打造大模型驱动的知识 / 情报中枢

10.5 把大数据中心升级为知识中枢

知识中枢主要负责两件事："收"和"放"。所谓"收"，就是采集汇聚明知识、隐知识、暗知识、潜知识对应的各类数据，并进行知识萃取。而所谓"放"，就是基于萃取后的知识，在企业内部更便捷地共享与应用，加速企业

知识应用的开发落地。换句话说，把大数据中心升级为知识中枢，对于政府和企业而言，主要就是关注两个方面：数据采集与知识萃取，知识驱动的企业级应用。

在数据采集与知识萃取层面，要重点关注以下三点。一是以部署在企业的数据治理平台的数据采集能力为基础，补充各类非结构化数据的采集能力。二是构建统一存储层，补充面向非结构化数据的数据处理引擎，形成统一数据湖仓。三是补充专家模型能力，形成对文档、图片、音视频等非结构化数据的内容提取和知识萃取功能，将知识输出到知识仓库。

在知识驱动的企业级应用层面，同样要关注三点。一是知识中枢本身可以提供知识管理的通用页面，比如知识搜索、知识问答、知识地图等。二是知识大模型加企业知识可以形成对外的 API，直接为上层应用赋能。三是整理好的企业知识也能封装为 API，与智能体平台或其他知识应用快速对接，使知识更便捷地为其所用。

有了这些知识之后，就会涉及知识资产的管理。知识资产包含原始知识和萃取后的知识，用户可以对知识进行智能搜索，快速找到自己需要的知识物料，并形成 API，为上层应用服务。本书前面也多次提到过 API，这里稍微简单解释一下。API 就是应用程序接口的意思，软件可以通过这些接口实现对数据的读取和写入，比如读取某类数据和写入某类数据可以对应两个不同的 API。知识管理的核心是用好知识，发挥知识的最大效用。可以通过部署知识服务，将知识快速封装为 API，与其他第三方系统打通，实现共用。

案例：知识管理产品的典范，360 智能文档云

我们知道，传统的云盘产品主要专注于文档存储和共享，功能相对简单，缺乏智能化手段，无法有效解决"信息孤岛"问题。面对当前的 AI 浪潮，企业需要的是一个能够融入大模型能力，实现私域知识管理、知识驱动业务的 AI 应用平台，将信息孤岛转化为知识中枢。企业拥抱大模型的关键是将 AI 应用于企业数据、企业知识。于是，360 智能文档云应运而生。智能文档云的核心是"存·智一体"，是一个知识驱动的 AI 应用平台，将"存"，也就是汇聚数据资产，与"智"，也就是发掘数据价值相结合，从而构建起打造新质生产力的重要支撑。为了实现融合，智能文档云的演进分为三步："存升级""智接入""智融合"。

第一步"存升级"，指的是由传统云盘服务升级到非结构化数据平台，汇聚企业的各类数据资产，提供全方位安全管控。这一步主要涉及以下几个方面，政府和企业其实都可以参考。

整合数据源：通过提供便捷的工具和接口，帮助企业客户整合来自不同部门和系统的文档数据，打通信息孤岛，构建统一的数据资产池。基于业界最佳实践，开发类似的数据连接器，从而快速接入企业已有的各种应用系统，例如 OA、CRM、ERP、邮件系统等。

数据清洗和预处理：提供数据清洗和预处理功能，例如去重、格式转换、文本识别等，提高数据质量，为大模型的训练和应用提供优质、可靠、安全的数据源。

全方位的文件安全管控：提供本地、云端、外发三种场景下全方位的文件安全管控能力，通过本地加密、文件水印、行为审批、外发管控等措施确保重要机密文件不泄露。

第二步"智接入"，指的是将 AI 能力接入平台，打造智能化引擎。这一步涉及接入大模型，让智能文档云在非结构化数据底座之上，构建起一套 AI 能力接入平台，从而帮助企业实现模型接入、数据接入和业务接入。

模型接入服务：这个服务内置了一个文档大模型，并且提供了开放平台，允许政府和企业用户自主接入文心一言、通义千问、Kimi 等通用的 AI 模型，还支持根据自身需求定制开发的模型，从而打造强大的 AI 能力引擎。

数据接入服务：通过 RAG 服务连接企业知识库与大模型，可以实现基于企业数据的知识问答、信息提取、文本摘要、情感分析等功能。

业务接入服务：通过智能体服务连接企业系统与大模型，实现 AI 驱动的业务流程自动化，例如自动生成报告、自动回复邮件、自动审批等。

第三步"智融合"，指的是将大模型能力与知识及文档结合，构建应用生态。这个阶段是将 AI 能力真正融入企业知识管理流程，并创造实际价值的关键阶段。这个阶段的核心在于构建一个以"存·智一体"为基础的应用生态，为用户提供丰富的 AI 应用，并支持用户根据自身需求定制开发 AI 应用，打造一个知识驱动的 AI 应用平台。

从传统云盘到智能文档云，从"存升级"到"智接入"再到"智融合"，知识管理完成了从数字化到智能化的升级，也具备了服务于各类用户场景的能力。说到能力，智能文档云为"读""搜""写""问"四大核心场景提供了开箱即用的 AI 能力应用，同时也支持结合政府、企业、教育场景打造行业场景应用。

在行业化应用方面，可以针对不同行业和企业的特定需求，定制开发更具行业和场景特性的大模型应用。我们简单举几个例子来看一看。

大模型赋能政府：构建智慧政务平台，例如智能公文处理系统、智能政策解读系统、智能民生服务平台等，提升政府办公效率和服务水平。

大模型赋能企业：构建企业知识库，打造数字员工等大模型应用，集成到企业业务系统中。比如某集团公司的例子，我们基于企业规章制度文档、企业文化手册、IT 帮助文档等资料，训练数字员工，嵌入到 OA 系统中，面向集团全员提供企业知识问答能力。

大模型赋能教育：构建智能教育平台，例如 AI 导师、校园生活助手、招生咨询助手等，提升教学质量以及校园信息获取便利性。比如某医科大学的例子，我们结合该校的规章制度、教学资料以及校园官网等信息，搭建 AI 助手，集成到企业微信，面向师生提供校园生活、学习、心理咨询、招生咨询场景的 AI 问答。

第 11 章

专家模型协同

11.1 为什么需要专家模型协同

传统 MoE 架构虽然在一定程度上实现了专家模型的组合使用，但其主要问题在于专家模型之间缺乏深度协同，难以胜任复杂任务。随着 AI 技术的不断发展，用户对 AI 服务的需求也日益多样化，要求 AI 系统不仅能够快速响应，还要能够提供高质量、个性化的答案。因此，360 借鉴人类大脑多功能分区、协同工作的原理，首创了 CoE 架构。所谓 CoE 就是 Collaboration of Experts，即专家协同。专家协同使得多个专家模型能够形成一个整体，通过专家模型协同，可以大幅提升大模型的慢思考能力，为大模型在政府和企业落地提供有力保障。

11.2 如何实现专家模型协同

CoE 架构的核心在于"专家协同"，即通过多个专家模型的紧密合作，共同解决复杂问题。这一架构不仅聚合了多个大模型的能力，还通过协同作业的方式，实现了更高效的智能化服务。具体来说，CoE 架构通过以下几个关键环节实现专家协同。

意图识别。在意图识别环节，系统基于真实用户的使用数据，采用深度学习算法来对用户提问进行精准理解，猜测用户的真实意图和目的。

任务分解。系统会根据用户提出的要求进行分析，既考虑语法结构，也结合语义理解，挖掘出任务背后的语义信息，从而将复杂任务分解为多个子任务。

智能调度。智能调度是在意图识别和任务分解的基础上，将每个子任务智能分发给能力最强的模型来处理，或者根据任务的复杂度，协调多个模型参与完成一个任务，确保每个子任务都能由最合适的模型来处理。

结果整合。系统将各个模型的处理结果整合起来形成最终答案返回给用户。这个过程可能会涉及结果的筛选、融合等操作，形成一个连贯、统一的最终答案。

360 首创的 CoE 架构可以实现多个专家模型的协同工作，大幅提升系统的慢思考能力。更进一步，CoE 架构不仅可以接入大模型，还可以接入很多 1B 甚至更小参数级别的专家模型，这使得整个系统更加智能，在实现"让最强的模型回答最难的问题"的同时，还能在回答简单问题时调用更合适的小模型，在获得高质量回答的同时，节约推理资源，提升响应速度。

在应用方面，360 通过 CoE 架构，构建了国内首个大模型竞技平台——模型竞技场，成为国内大模型领域的基础设施。在多模型协作模式下，用户可以从国内 16 家主流大模型厂商的 54 款大模型中任意选择 3 款，进行多模型协作，以此达成比单个大模型回答问题好得多的效果。

CoE 架构并非只接入了一家企业的模型，而是由 360 牵头，百度、腾讯、阿里、智谱、MiniMax、月之暗面等 16 家国内主流大模型厂商合作打造的，目前已经接入了这些企业的 54 款大模型产品，未来预计会接入 100 多款大模型产品。

11.3　基于专家模型协同的"复仇者联盟"

2024 年，我带着 360 成立了一条中国大模型厂商的统一战线，大家团结在一起，通力合作，取长补短，全力超越 GPT-4。在此期间，360 开放明星场景，邀请国内最强大模型合作，让 AI 普惠广大用户。

大家都关心到底我们跟美国的大模型能力差距有多大。应该说过去一年的进步很大，无论是开源系统还是闭源系统，国产大模型在不少单项指标上都超过了 GPT-4。但是，如果按照一个全能选手的要求衡量大模型，国内的模型整体上还没有一家全面超过 GPT-4，总是有一些方面的能力弱一些。GPT-4 有点儿像一个全能选手，各方面的得分都不错，比较均衡。

这样一来，要追赶、超越 GPT-4 有两条路可以走。一条路就是跟它比算力，比数据和知识规模，比模型参数规模，最终我们会被牵着鼻子走，因为走这条路涉及算力问题，还有我们目前数据质量不高的问题。还有另外一条路：如果把 GPT-4 比喻成"灭霸"，那我们必须要组成一个"复仇者联盟"。也就是说，我们单打独斗可能确实暂时打不过它，但是，我们能不能让国内的大模型团结在一起，通过 360 的 CoE 架构把国内的多个大模型从逻辑上组合成一个虚拟的大模型？在这个虚拟的模型中，每家的大模型发挥各自的能力优势，把大家的优点结合起来，从而实现对 GPT-4 的全面超越。

要走通后面说的这条路，就需要干三件事。

第一件事，就是要打造 CoE 架构，把国内的多个大模型通过一个技术工作流连在一起。在接收到用户输入请求的时候，先进行智能的意图识别和目的判断，看一看用户大概是要使用大模型哪方面的能力。然后根据用户请求对应的能力分类，相应地去调用国内这方面做得最好的某一个大模型，或者让多个大模型进行协作。这样就不是一个大模型在战斗，而是多个大模型共同完成任务。这样一个架构，我们用了一年的时间，已经打造出来了。

第二件事，就是准确评估国内各家大模型擅长干什么。目前的大模型测试可以理解为都是用一张"小卷子"考试，题目数量很少，所以导致大模型评测很容易"刷题"，靠刷题刷出来的成绩得出的排名是不准确的。360 做了一个 AI 搜索应用，流量增长非常迅猛，现在已经是国内流量最大的相关应用了。为了准确评估不同模型擅长干什么，我们基于用户使用 360AI 搜索的真实问题，大概做了 4000 个分类，注意不是 40 个分类，而是 4000 个分类，然后用这 4000 个分类的数据对国内大模型做了一次全面测试，最后得出每个大模型的评分，以及国内大模型能力特长的准确数据。在知道了百度的大模型擅长干什么、阿里的大模型擅长干什么之后，我们就可以把各家大模型的优势能力充分发挥出来。

第三件事，就是要说服国内各家大模型厂商加入合作。国内的大模型厂商也意识到，AI 是未来大国竞争、国家发展的重要推动力，所以我们通过合作方式来超越美国的这个说法，得到了国内多家大模型厂商的重视和认可，大家一拍即合。看起来原来好像都是竞争对手，但是在合作起来超越美国 GPT 这个共同目标之下，360 站出来振臂一呼，大家纷纷响应。加入 AI "中国战队"的大模型厂商，包括五家互联网巨头——腾讯、阿里、百度、字节跳动和华为，人工智能"五小龙"——智谱、百川、零一万物、月之暗面和 MiniMax，以及五家原来垂直领域的 AI 巨头——科大讯飞、DeepSeek、商汤、面壁智能和好未来，再加上 360 智脑，一共 16 家大模型厂商，这里排名不分先后。

我们这个协作架构目前还是早期版本，支持用户自己选用不同的模型，以及根据用户的需求自动匹配调度不同的大模型。下一步，还会实现在用户提出更复杂的任务时，用多个大模型来合作满足用户的要求。目前，根据我们拿 4000 个用户使用数据的分类进行测试的结果来看，我们这 16 个国产大模型的协作版在翻译、写作等 12 项指标的测试中取得了 80.49 分的综合成绩，超越了 GPT-4o 的 69.22 分（如第 6 章所介绍的）。

由此可见，这也是一条中国的大模型发展之路。

在这项工作中，我们除了完成基于大量数据的测试分类，还打造了 CoE 这样一个专家协同的混合模型架构。更重要的是，360 把自己的 360 安全卫士和 360 浏览器这两个入口拿出来提供给 16 家大模型厂商，在多个大模型间共享了用户使用流量。从这个角度来说，我们 16 家厂商的这次合作，也相当于把 16 家大模型的能力统一起来，让广大中国互联网用户受益，让每位用户都能够方便地使用叠加的国产大模型能力。这样一来，可以让更多的人更早熟悉 AI，使用 AI，掌握 AI，在 AI 时代用 AI 的能力提升自己，提升企业的生产力，也让大模型驱动的这场工业革命在中国早一些发生。

在 2024 年举办的 360 ISC.AI 大会上，我们对外发布了这个合作项目，用户可以在线使用。国内大模型厂商通过这种方式把各家的算力、资源汇集起来，已经从事实上超过了 GPT-4。我觉得这仅仅是一个开始。接下来，在多模态能力等其他方面，我们还会延续这样的合作模式，推动中国 AI 产业实现更大的突破。

从普通用户的角度来看，如果你用了 360 安全卫士或者 360 浏览器，相当于拥有了 16 个 AI 助手。这 16 个 AI 助手不仅能各自为你做事，还能协同起来满足你比较高难度的要求。用户不必下载安装 16 款软件或者使用 16 个网站，而是可以在一个浏览器、一个界面里享受 16 家中国高端公司提供的大模型的服务。

有些人可能不了解背后的原理，觉得这件事好像很简单。没错，对用户来说，它看起来、用起来确实特别简单。但实际上，做成这件事我们用了半年时间，调动了上百万用户的真实使用数据，准备了对 AI 助手提出的各种各样的问题，对所有大模型做了非常复杂且全面的测试。我们用 360 智脑训练了一个强大的路由模型，也可以叫意图识别或目的判断模型。另外，在不同的模型之间切换、协同完成任务的时候，如何解决用户数据的分发和管理，包括多轮对话的衔接，这里面有很多具体的技术工作。但是这些对用户来说都是不可见的。用户只知道，我可以提出任何要求，背后有 16 个甚至更多个大模型分工合作，默默地帮我解决问题。

应该说，我们国家的这 16 家大模型公司联合起来，人多力量大，团结一致，建立了统一战线，组成了一个大模型的中国梦之队，走出了一条独特的 AI 发展之路，把我们中国的大模型能力提升到了一个新的高度。

第 12 章

构建智能体

12.1　为什么需要智能体

前面我们多次提到，大模型本身只有"大脑"，缺乏"手"和"脚"，因此缺乏完成复杂任务的能力。大模型需要借助外部方法，增强规划、知识运用、工具调用、行动等能力，相当于给大模型装上"手"和"脚"，才能完成复杂任务。

我们在第 4 章也介绍过，OpenAI 把通向 AGI 的 AI 划分为五个级别，其中第三个级别就是智能体，这里的智能体"不仅能思考、能推理、能规划，关键是还能采取行动，完成人类设定的任务"。可见，这个智能体应该是能够自我进行规划、推理，制订工作方案的。而目前我们所有的智能体框架，以及智能体协作的工作流，还都是人工来进行设计的，所以跟上述通往 AGI 的第三个级别并不完全是一个概念，但可以理解为是它的萌芽阶段或者初始状态，或者一个发展的起点和开端。当前的智能体框架虽然还需要人工干预，但是精心设计的智能体工作流，能够显著提升 AI 的推理和决策能力，突破单一大模型的局限。

最后，大模型需要智能体框架其实还有一个重要原因，也是我们前面多次强调过的，那就是要赋予大模型慢思考的能力。大模型通过智能体框架赋予的能力，可以多次进行自我反思、自我校正、自我调整，从而表现出更高的智能，更出色地完成人类交给它的任务。

12.2　如何实现智能体

在大模型技术的当前发展阶段，对于要实现的智能体我们可以这样来理解，就是以大模型为核心，通过对大模型的反复调用，结合外部知识和工具，增强大模型的规划、反思能力，打造能够完成复杂任务的智能体，甚至打造出能够承担特定工作角色的 AI Worker（AI 工作者）。图 12-1 展示了智能体的关键组件及架构。

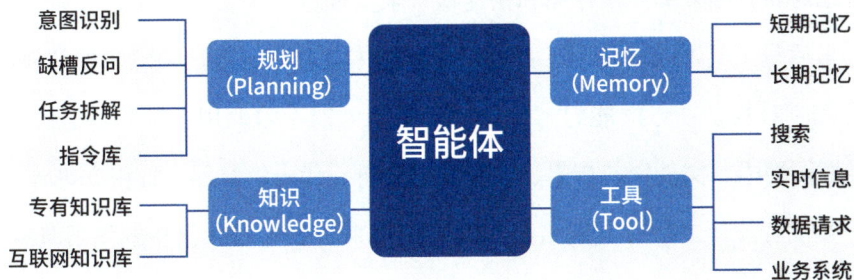

图 12-1　智能体的关键组件及架构

要实现这样的智能体，需要围绕大模型进行四个方面的能力增强。

首先是规划增强，就是通过制定步骤和策略，结合反思和强化学习，不断优化决策路径，让大模型可以将困难的任务分解为更小的、可管理的子任务，从而提升处理复杂任务的能力。更进一步，增强后的智能体还可以从之前的错误中吸取教训，在之前行动决策和反馈的基础上完善新的行动决策，纠正以前的错误，从而实现迭代改进。

其次是记忆增强，指的是让智能体在处理任务时能够利用过去的上下文信息和经验，这同时也是智能体获取、存储、保留和后续检索信息的过程。短期记忆主要用于上下文学习，比如在多轮聊天应用中记住之前聊过的内容，保证后续响应都能围绕同一主题展开和深化，不跑题。而长期记忆则用于增强智能体长期保留和回忆信息的能力，一般来说需要利用外部向量存储和快速检索来实现。

再次是知识增强，就是让智能体可以实时查询各种专有知识库和互联网知识库，从而保证知识的专业性和丰富性。与记忆增强类似，知识增强一般来说也需要利用外部向量存储和快速检索来实现。

最后是工具增强，使用工具可以让智能体获取实时数据和感知外部环境，提升其应对复杂任务的能力。比如，智能体可以学习调用各种外部 API，包括互联网搜索、文件资料检索、业务数据分析、代码解释器、日程安排等。

实现智能体之后，我们结合实际应用再来看看它对大模型的发展具有哪些作用。

第一个作用是让大模型获取最新信息和感知外部环境。这样，大模型就可以实时更新自己的知识库，掌握当前世界的最新信息和资料。除此之外，智能体还可以感知自己所处的环境，通常通过传感器，比如摄像头、麦克风、温度传感器等或者数据输入来实现。感知是智能体与外界环境交互的基础，只有准确感知环境，智能体才能做出合理的决策。

第二个作用是使大模型具备执行和行动能力。大模型通常具备强大的数据处理和分析能力，但在实际应用中，执行和行动能力往往成为瓶颈。智能体技术可以弥补这一不足，使大模型不仅能"思考"，还能"行动"。例如，在物联网安防的场景中，智能体可以把用户的语音指令转化为对安防摄像头的控制信号，从而实现对摄像头的操控。

第三个作用是使大模型自主决策和处理复杂任务。反思和规划能力使大模型能够在复杂任务中制定有效的策略和步骤。通过不断反思和调整，大模型可以优化其决策过程，处理更复杂的任务。例如，在多跳搜索的任务中，给定一个用户请求，如"云南和广西 2024 年高考状元所在学校的校长是谁"，智能体需要先进行任务规划、拆解，然后调用搜索工具，进行多轮查询，并根据查询结果决定是否需要继续查询，最后汇总信息，给出用户想要的答案。

第四个作用是提升大模型的应用效果。借助反思和迭代，智能体的能力可以反超底层基础大模型。在这个过程中，智能体可以通过把问题拆解成一个一个的子问题，分而治之，通过慢思考，一步一步地产出更优质的结果。

12.3　智能体平台解决大模型应用落地核心问题

大模型落地政府和企业，经常要根据选择的场景、依托的知识库，通过构建智能体应用来实现。有时候一个智能体不够，可能需要构建两个、三个，甚至更多个。这样一来，就会涉及智能体协作和工作流编排。因此，360 围绕"工作流编排＋规划与反思、记忆增强、工具增强"的关键能力，提供了"发布＋多模型使用"的智能体平台，解决了大模型应用落地的核心问题，其架构如图 12-2 所示。关于工作流如何与业务融合，我们会在第 13 章进行更深入的讨论。

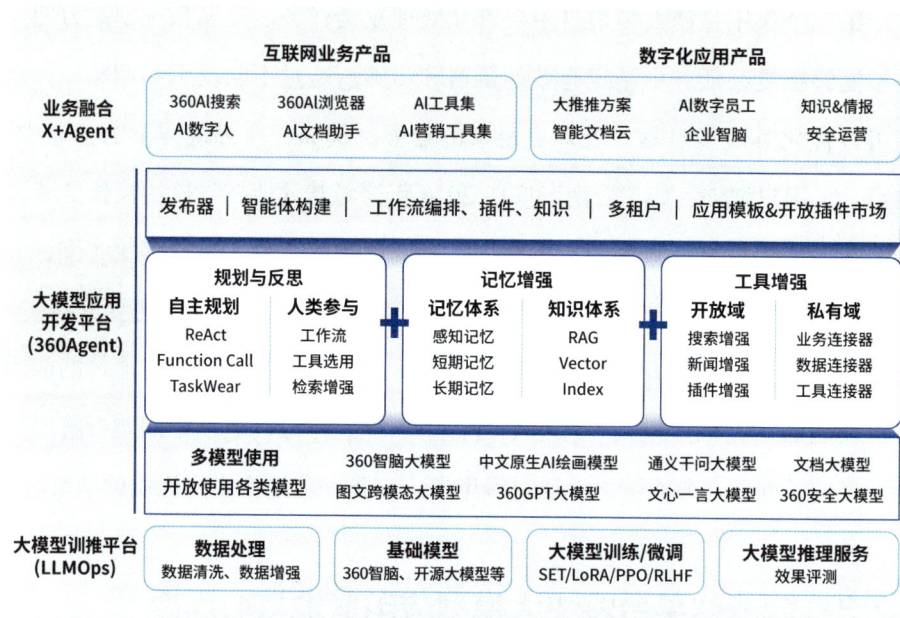

图 12-2　360 智能体平台架构

在这个平台中，大模型和智能体之间是什么关系呢？可以简单地这样来理解：大模型是底层的智能基础，负责推理和判断；智能体是一种大模型应用模式，可以理解为大模型应用，这种大模型应用具备规划与反思、工具调用、记忆增强等能力，可以直接面向用户提供服务，满足用户的需求。而智能体平台，则泛指大模型应用开发平台。图 12-2 介绍的智能体平台就属于这一类，既然是平台，它除了能够稳健支持智能体运行，还需要有提示词编排、RAG 引擎、工作流编排等能力，以及一系列直观易用的界面和 API。这类平台的目的在于节省大模型应用开发者的时间，让他们能够专注于创新和业务需求。

依托智能体平台，我们在 360 内部提出了"X+Agent"模式，探索用智能体来满足不同场景下的智能化需求。这个模式以推进业务融合为核心价值，能够为业务场景提供应用级的服务支撑，能够实现大模型与企业原有数字化业务应用融合打通，同时还具备 AI 应用开发套件增强的能力。我们希望通过"X+Agent"融合模式为业务赋能，协助业务提升"含 AI 量"。

目前，"X+Agent"模式主要探索了四个方向：互联网业务、业务协同、知识中枢和 MSS（Managed Security Service，安全托管服务，指企业请外部的安全服务供应商来负责内部系统的安全运维）。这些方向对于政府和企业落地大模型非常有参考价值，下面我们来简单地了解一下。

方向一：互联网业务 +Agent。这个方向致力于将智能体平台与 360AI 搜索打通，通过智能体平台快速构建 AI 搜索垂直应用，即基于多模型的"Agent 应用"，包括"旅游 Agent""翻译 Agent""写作 Agent""新闻调查 Agent"等，大大提升了垂直搜索场景的搭建和运维效率。

方向二：业务协同 +Agent。智能体平台与 360 内部的业务协同工具"推推"融合，助力"推推"成为更智能、更高效的业务协同平台。目前所有员工都可以自助创建 AI 机器人、AI 应用来提升协同办公效率。此外，智能体平台还与"推推"在插件层级上实现了兼容互通，从而支持更灵活地扩展 AI 应用的能力。

方向三：知识中枢 +Agent。这个方向依托智能体平台，通过智能体工作流串联知识中枢能力，形成了基于知识的自动响应流程，使得知识中枢具备更强的"知识应用能力"，从而为用户提供更好的服务。

方向四：MSS+Agent。智能体平台与 MSS 融合，使得 MSS 业务形成了更高效的安全运营平台方案。运营人员可以自助创建智能体来提升运营效率，承接更多客户的运营需求。目前智能体平台已与 MSS 打通并搭建了"攻击溯源""情报分析"等 12 个安全托管智能体。

第 13 章

融合工作流

13.1　为什么需要融合工作流

要推进大模型在政府和企业落地，我们不仅仅需要智能体，还需要能够跨业务、跨部门，甚至跨组织融合大模型、智能体的融合工作流。换句话说，大模型与业务融合需要一套新的工作流系统，用这个工作流系统把原来的 IT 软件和相关的人员，还有大模型实现的推理大脑连在一起，打通业务、人员和组织，打通单点功能，实现业务、人员和组织的协同。

在前几章中，我们反复强调了大模型落地的关键是实现业务融合。这是因为，政府大模型、企业大模型不是顾问，不能靠 LUI 解决业务问题，需要通过工作流和 GUI 与产品、业务融合在一起。大模型也不能取代原来的 IT 系统，而要和业务系统深度融合、协同工作，实现多智能体协作，才能发挥最大效用。政府大模型、企业大模型是"电动机"，要结合业务把大模型安放到合适的位置，就需要融合工作流把大模型与业务系统连接起来。

13.2　如何实现融合工作流

那么如何实现融合工作流呢？我们先来分析一下工作流的构成。

工作流可以分为三个层级，底层是技能（Skill），也就是执行特定专项任务的能力；中间层是剧本（Playbook），包含一系列任务和动作，可以针对特定场景采取不同策略；顶层是工作流（Workflow），是描述业务流程的高级结构，如图 13-1 所示。

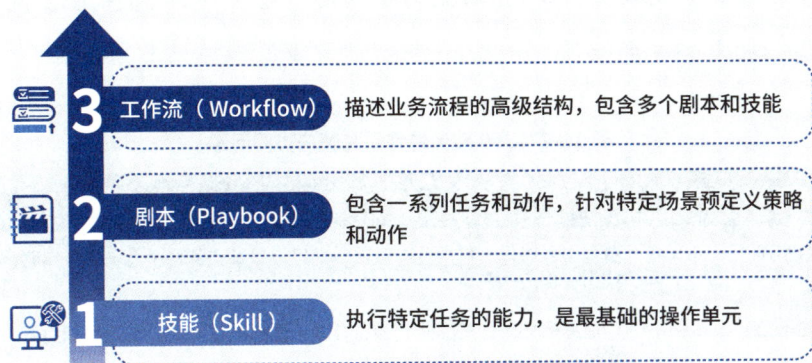

图 13-1　工作流的层级

打造工作流比训练大模型更难。现在训练大模型的难度已经降低了，成本也降低了。要打造工作流，第一必须找到业务场景，并根据场景需要来定义垂直或专项大模型的能力。第二是收集所有相关的数据，从数据中把知识提炼出来，升级到知识管理，将知识纳入知识中枢。第三才是打造工作流，推动大模型与业务融合。

比如公司一般都有 HR 系统，就以其中一个单点功能面试为例。在面试结束之后，怎么把面试结果发到公司的 HR 系统里？怎么通知 HR 录用或者不录用面试者？实际上这些事件都不需要大模型来做，而是需要一套工作流系统来实现，相当于把大模型智能体框架的能力与企业原有的业务系统连在一起。

13.3　业务协作平台实现融合工作流

360 业务协作平台旨在连接多个智能体和企业数字化系统，实现多个智能体、多个数字化系统、多个组织之间的协同。它致力于解决组织协同的多个问题，如表 13-1 所示。

表 13-1　360 业务协作平台解决协同问题

组织业务协同问题	360业务协作平台的能力
平台不通	业务中心协作：打通业务系统，把原来是单点的各个业务系统串联起来，成为工作流的节点
沟通不畅	沟通顺畅：工作按团队—频道推进，虚拟团队可见，快速找到负责人员推进工作
信息不通	信息透明：信息按帖子跟踪，团队成员实时共建共享每个主题的信息
过程黑盒	过程可见：按需加入机器人、选项卡，工作执行过程可沉淀、可追溯
无法积累	知识积累：直接嵌入知识和Wiki，实现项目、团队、企业的知识沉淀积累
AI流于形式	AI结合业务：沉淀AI知识，实现大模型能力持续迭代，不做"死模型"

　　360 业务协作平台也是智能工作流生产力平台，面向政府和大型企业，聚焦"业务协同"，构建团队数智化协同"工作空间"，实现了业务流、消息流与知识流的互通，以及在私域知识增强的大模型支持下 AI 全场景、全过程的赋能，如图 13-2 所示。

　　作为智能工作流生产力平台，360 业务协作平台提供了大模型驱动的工作流工具，具备感知理解、思维规划、记忆改进、行动分发、执行反馈能力，实现了以业务目标为中心的工作流管理。平台通过智能工作流，融合企业知识、企业组织行为约束，完成企业终端与企业应用的智能连接，促进企业提效，真正实现 AI、数字化与业务、组织的一体化融合，使生产力得到指数级提升，如图 13-3 所示。

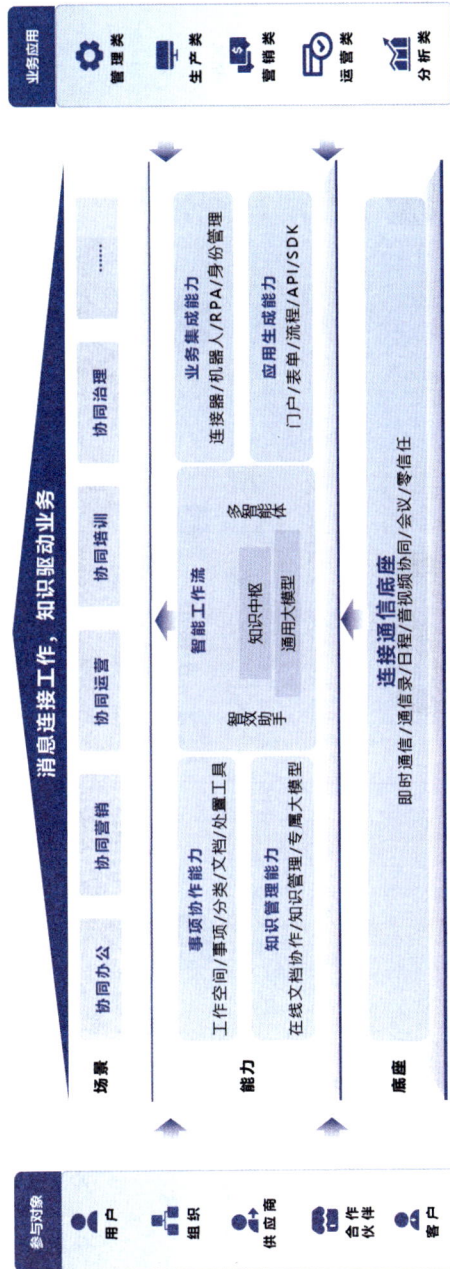

图 13-2　智能工作流生产力平台

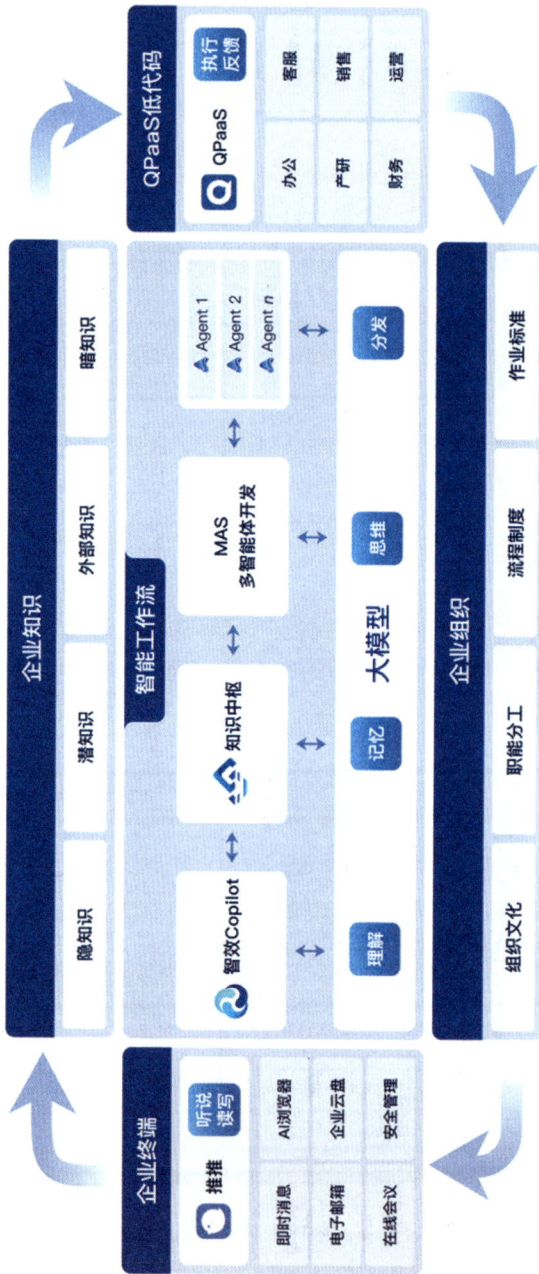

图 13-3   智能化工作流协同，提升工作流生产效能

360 业务协作平台通过三大方式助力不同场景和用户，如图 13-4 所示。

AI驱动业务连接协作	数字协同助理 通过推推服务所有员工， 人人普惠，人人参与	低代码开发AI应用 通过QPaaS赋能 有专业个性化需求的员工	智能工作流融合 让业务专家轻松 提高工作流生产力
组织孪生	根据业务场景、人员属性，快速拉 通团队，模板化部署协同空间	—	定义训练数字员工， 定义知识库和自动化工作流
知识集成	采集业务信息， 归纳总结，增强信息传递	—	订阅行业信息，补充业务情报， 支持业务创新
业务协作	内外部知识搜索和问答，快速获得 精准知识，定位责任人	—	理解消息和剧本，唤起和调度 智能体能力，执行系统操作
应用集成	提供开箱即用的通用AI应用能力	连接企业AI能力， 重建传统业务应用系统	学习理解应用接口，更新业务技能
工作流	辅助待办提醒和任务处理	通过文本和图形理解， 辅助创建新的数字化应用	定义多智能体协作工作流，实现 复杂任务拆解和自动执行

图 13-4　360 业务协作平台的三大应用方式

数字协同助理：将大模型以 Copilot 助手方式全面融合进业务协同，为员工和管理者提供办公写作、知识问答和信息分析助手，可以在业务协同过程中随时随地唤起使用。以消息和剧本驱动人、应用和流程协同交互，增强业务智能。

低代码开发 AI 应用：一线员工 / 业务使用低代码的 AI 生成能力，可将需求描述 / 示意图直接转化为低代码应用（表单、流程、大屏、门户）。员工使用智能填报快速填写表单，通过智能问答获取产品使用答疑；管理、业务人员使用数据分析快速洞察业务数据。

智能工作流融合：梳理和定义"业务工作流"，利用智能体打通单点应用技能，形成业务工作流。实现"智能工作流"，通过智效、知识中枢、多智能体协作，智能规划并执行复杂任务，人类只需要提出需求、监督结果，促进生产力呈指数级提升。

更进一步，将 360 业务协作平台与 360 企业安全浏览器和大模型结合起来，还可以支持更加丰富的业务融合场景。

第 14 章

企业级大模型实践
与解决方案

14.1　打造 360 安全大模型的方法论

我们继续以 360 安全大模型为例，看一看如何在大模型落地过程中应用我们提到的方法论。

首先，当模型不再是问题之后，最重要的就是按照 7.9 节所介绍的方法论去寻找明星场景。我们可以看到，目前全球应用大模型的成功案例，特别是很多国外的大公司，像微软、苹果，并没有用 AI 去做一个新产品，而是使用 AI 对已有产品的流程和场景进行赋能和改进。为了打造安全大模型，我们在安全领域找了 7 个明星场景，包括攻击检测、运营处置、追踪溯源、知识管理、数据保护、代码安全和内容安全，相应地也训练了 7 个专家模型，如图 14-1 所示。

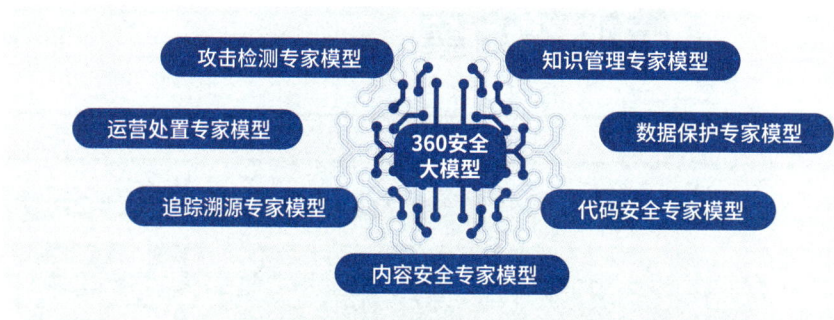

图 14-1　360 安全大模型由多个专家模型构成

寻找明星场景是方法论之一，方法论之二是知识管理。我们也反复强调过，知识密度和知识质量是实现智能化升级的关键。大模型并不是参数量越大越好，现在已经证明模型对知识的要求非常高，但是我们很多企业的知识散落在内部，非常碎片化，有很多知识隐含在数据里。360 长期专注于互联网安全，积累了海量的攻防数据，基于这些数据提炼的知识，为安全大模型发挥作用提供了坚实的基础。

方法论之三是专家协同，就是要有一套技术架构，把多个大模型组织起来进行协同工作。我们在第 6 章和第 11 章专门介绍过，传统的 MoE 架构只能实现简单任务的路由分发，专家模型之间不能协作，难以处理复杂的任务。所以我们借鉴了人类大脑多功能分区、协同工作的原理，首创了 CoE 架构，将上述 7 个专家模型组织成一个安全大模型，内部则由这些专家模型协同工作。

方法论之四是构建智能体。如果就是一个孤零零的大模型，只有快思考的能力，没有慢思考的能力，是无法保证生成结果高质量的。我们在打造 360 安全大模型的过程中，创造性地利用提示词，基于智能体框架打造了一套安全大模型的慢思考系统，通过规划增强、记忆增强、知识增强、工具增强使得大模型具备这种慢思考的能力。

方法论之五是融合工作流，也就是构建于企业大模型之上的工作流。大模型不是顾问，只会聊天的机器人能够解决的问题有限，所以需要工作流把大模型与企业原来的 IT 系统连接起来，融会贯通。在 360 安全大模型的打造过程中，我们遵循 CoE 架构训练了 7 个专家模型，在专家模型协同的基础上，依托智能体框架增强了安全大模型的推理能力。然后，通过内部工作流系统，将已有的安全系统和能力在不同节点和分支接入安全大模型，实现融合工作流。

如前所述，为了训练安全大模型（实际上有 7 个安全专家模型），我们投入了 20 余年积累的安全知识，10 余年的 AI 技术沉淀，80 名 AI 算法专家，100 名安全专家，调度了 2000 块 A800 和 H800 的算力资源，花了大概 200 天进行训练、调优。下面我只简单地介绍一下其中两个专家模型——攻击检测专家模型和运营处置专家模型的能力。

首先是攻击检测专家模型。传统的攻击检测更多的是通过特征和规则来发现攻击，而且只能做到发现"已知的已知"，没有能力发现"已知的未知"和"未知的未知"。因为数据量大，而且很多情况下依赖人力分析，所以发现攻击的速度比较慢。我们将攻击检测模型从规则驱动转变为学习驱动，通过高密度的训练数据，包括基站数据序列、关联日志、攻防图谱，以及端到端的训练，让模型具备了发现"已知的未知"的能力。最近，我们在测试中发现，对于"未知的未知"的威胁，利用 360 独有的探针生成的本质行为语料，也可以发现相关的异常痕迹。

其次是运营处置专家模型。长期以来，安全运营人员每天都要处理非常多的安全告警，这些告警中又包含大量不必要的信息，导致处置效率非常低。目前在国内安全领域，很多企业买得起安全设备，但是没有足够的人手去运营。据预测，未来 5 年国内安全人才的缺口高达 150 万。为了应对人才不足的问题，我们这个运营处置专家模型实现了自动化处置安全事件，推动安全运营从"辅助驾驶"走向"自动驾驶"。具体来说，这个模型实现了检测、研判、溯源、追踪、评估、处置、验证和报告等 8 个"自动化"，这 8 个自动化能力形成一个完整的运营闭环。

最后讲一下效果。经过对比和测试，在这套方法论指导下打造的 360 安全大模型，在安全能力上超过了 GPT-4。注意，我说的是安全能力，不是全部能力。还有，我们之前也反复强调过，模型不是产品，只是能力，必须结合场景产品化才能发挥价值。我们再来看看安全模型是怎么融合场景创造价值的。

EDR（Endpoint Detection & Response，端点检测与响应）是一个老产品了，但有了安全大模型的加持，在捕获 0Day（零日）漏洞和 APT（Advanced Persistent Threat，高级持续性威胁）猎杀这种高端能力上有了明显的提升。在一次演习行动的第一天，安全大模型就捕获了针对一家企业的 0Day 攻击，而捕获的在野 0Day 漏洞数目增加了一倍。做 APT 猎杀，过去需要高级专家花费数天乃至数月才能完成，有了安全大模型则可以实现分钟级展开对 APT-C-28 "海莲花"的猎杀。

还有一个重要的融合场景，就是把安全大模型和安全大脑结合起来。以某大型央企的数据分析场景为例，这家企业有 15 万台服务器，过去盘点一次需要 30 天，现在只需要 2 天。过去接入 25 类数据源，700 多台安全设备，需要耗时 15 天，现在 2 天就可以完成。过去的告警日均 1 万条，现在过滤后每天只有 1000 条左右的待处理告警。过去一份复盘报告需要耗时 1 天，现在生成报告平均只要 10 分钟。特别突出的价值体现在人员方面，过去每人每天仅可以处置 50 个事件，三四百人规模的运营团队，一多半人都在做告警处理和分析；现在每人每天可处置事件达到 200 个，人效直接翻了两番。

360 正在推动"安全即服务"的理念，我们认为这也是未来的趋势，所以我们也用安全大模型来进行赋能。某世界 500 强公司下属 300 家子公司，安全由总部托管，即总部运营中心统一管理，过去运营团队需要 30 人。使用安全大模型赋能之后，仅需要 10 个人就能胜任这项工作。某单位之前参加攻防演习，投入 8 名专家，输出两份攻击溯源分析报告，加分 400 分。而在安全大模型赋能之后，仅用了 1 名专家配合数字专家就提交了 5 份报告，加分 1000 分，1 名专家就完成了之前 8 名专家的工作。

14.2 实践证明，百亿大模型训练得好，专业能力可以超越 GPT-4

GPT-4 像什么？像一个十项全能冠军。我们也知道，真正的全能选手未必在每一项比赛里都是冠军，只不过所有项目积分加起来最高，所以才拿了全能冠军。而我们打造企业大模型是要做专项冠军。这个冠军的前提是有百亿参数的模型加上垂直场景，加上专有知识，还要加上企业内部的已有系统。

过去，训练一个模型的成本很高，但现在许多模型免费了，而且训练成本也很低，所以如果企业想干 5 件事，可以训练 5 个模型。这样要比训练一个有 5 项能力的模型简单很多。这种用百亿参数模型训练出来的垂直场景大模型，在垂直场景上的专业能力可以超越 GPT-4。注意，并不是说全面超越，我们训练的这种专业大模型，不追求全面能力。比如，这个专业模型解决某一个单项问题的能力极强，是专业冠军，但可能写文章不行，解奥数题不行，做脑筋急转弯不行。

这样的模型有几个前提，其中最重要的是明确垂直场景，其次是企业内部要有高密度的知识。然后，还要有智能体框架，通过工作流系统与企业的业务系统、专有工具融合。这样打造的领域专业模型，虽然参数只有百亿，但它的专业能力可以超过千亿模型，如图 14-2 所示。下面我们以 360 安全大模型为例，看一看融合数字安全大脑之后，它的专业能力是怎么超过 GPT-4 的，如图 14-3 所示。

图 14-2　百亿大模型训练得好，专业能力可以超越 GPT-4

案例：360 安全大模型专业能力超过 GPT-4

　　360 安全大模型由 7 个专家模型组成，包括攻击检测专家模型、运营处置专家模型、追踪溯源专家模型、知识管理专家模型、数据保护专家模型、代码安全专家模型和内容安全专家模型。因为每个专家模型只专注于解决一个问题，所以专业能力可以达到极致。把这些专家模型组合起来，再加上 360 拥有全球丰富的安全知识和数据，又拥有海量安全工具，我们在安全能力上超越了 GPT-4。

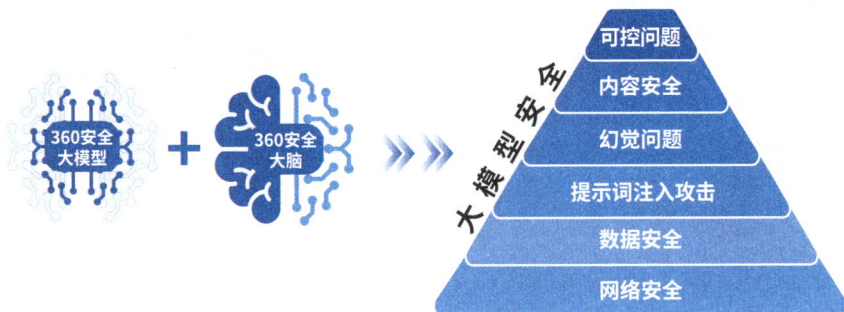

图 14-3　360 安全大模型 + 数字安全大脑，共同应对大模型安全问题

效果验证：360 安全大模型在专业能力上超越 GPT-4

说明：未依赖 RAG 等外部工具增强，未进行测试集数据微调，只依赖大模型本身的安全泛化能力。

表 14-1 和表 14-2 展示了 360 安全大模型与其他模型在恶意邮件检测与恶意流量分析上的效果对比。

表 14-1   恶意邮件检测效果对比

对比模型	准确率 Acc	合法邮件			恶意邮件		
		精确率P	召回率R	F1-score	精确率P	召回率R	F1-score
Llama2-70B	0.6805	0.5493	0.9771	0.7033	0.9858	0.5265	0.6846
Qwen-7B	0.7329	0.6402	0.7057	0.6714	0.8682	0.7474	0.8033
GPT-4	0.8101	0.6686	0.9857	0.7749	0.9958	0.7171	0.8338
360安全大模型	0.9654	0.9156	0.9914	0.952	0.9953	0.9516	0.973

表 14-2   恶意流量分析效果对比

对比模型	准确率 Acc	权限绕过			SQL异常			口令爆破			正常安全		
		精确率P	召回率R	F1-score	精确率P	召回率R	F1-score	精确率P	召回率R	F1-score	精确率P	召回率R	F1-score
Llama2-70B	0.0088	0	0	0	0	0	0	0	0	0	1	0.026	0.051
Qwen1.5-72B	0.4446	1	0.002	0.004	0	0	0	0.5	0.976	0.661	0.433	0.94	0.593
GPT-4	0.4642	0.148	0.021	0.037	0	0	0	0.615	0.976	0.755	0.438	0.974	0.604
360安全大模型	0.9715	0.993	0.939	0.965	1	1	1	0.992	0.976	0.984	0.97	1	0.985

精确率：模型识别出的真实恶意邮件 / 流量在模型识别出的所有恶意邮件 / 流量中的占比，衡量的是准确性和误报率。

召回率：模型识别出的真实恶意邮件/流量在所有真实恶意邮件/流量中的占比，衡量的是全面性和漏报率。

F1-score：衡量大模型性能的一种综合指标，评估模型在检测分析任务中精确率和召回率之间的平衡程度。

百亿参数基座模型＋数字安全垂直场景＋海量高质量安全知识＋CoE 架构＋智能体框架＋工作流框架＋360 安全工具 ＞ GPT-4

14.3　纳米 AI 企业版可充当政企数字化转型战略的底座

360 还推出了面向政府和企业的企业级大模型一站式客户端——纳米 AI 企业版。纳米 AI 企业版作为功能强大的一体化 AI 工作空间，整合了算力调度、基座模型、知识、情报、智能体、MCP（Model Context Protocol，模型上下文协议）及统一安全管理七大中枢，通过统一资源管理、智能决策支持和全栈安全防护，助力企业实现 AI 应用的智能编排、高效协同与安全合规，扮演政企数字化转型战略底座的角色。

第一，算力调度中枢。可实现算力请求注册、算力调度、负载均衡、任务优先级排序；也可使算力按需分配，合理利用，避免浪费；另外，对于不敏感的服务应用或临时云端算力扩容需求，也可以调用 360 云端算力。

第二，基座模型中枢。提供模型商店，推理、检索、文生图、文生视频等各种模型任选；此外，模型升级迭代时，用户可随时按需切换，时刻用最新、最好的模型。

第三，知识中枢。可帮助用户明确知识来源、应用场景与业务需求，规划采集方式；也可建立知识自动捕获机制，将知识与人员身份、角色、应用场景关联；还可通过搜索能力精准检索用户提问并整合生成答案。

第四，情报中枢。可助力企业轻松订阅新闻网站、公众号、知识专栏等多元信息源，满足企业获取外部情报的需求，为决策提供支持。

第五，智能体中枢。纳米 AI 企业版可实现多智能体协作，管理业务工作流；也可预制行业智能体模板，统一提供便捷的业务智能体入口。

第六，MCP 中枢。纳米 AI 企业版可配置、管理 MCP 服务器，自动调用外部工具，接入 AI 知识库，支持用户自定义任务流程，进行模型、协议、工具生态和个性化任务编排，以及超级智能体管理及调用。

第七，统一安全管理中枢。依托 360 网络安全的技术能力，纳米 AI 企业版能保障平台原生安全，实现数据和知识分级分类；同时，为大模型输入输出设置安全护栏，确保内容安全；还可对智能体调用知识库、API 的全过程进行管控与行为识别，通过智能体行为沙箱感知风险，隔离危险操作。

04

360 企业级大模型
落地方案及案例

第 15 章

360 发展大模型的独特优势

大家都知道，当前我国经济正在从高速增长阶段迈入高质量发展阶段。在转变发展方式、优化经济结构、转换增长动力的关键时期，打造新质生产力、推动高质量发展，最重要的战略就是"智改数转"，其中关键是推动传统产业特别是先进制造业实现智能化改造和数字化转型。数字化的底线是安全，而 AI 是数字化的未来。360 的发展方向主要是做好数字安全和 AI 这两件事，"上科技高山，下数字化蓝海"，为国家智能化和数字化建设保驾护航。

为了承接大模型和"智改数转"业务在政府和企业全面落地，360 集团整合二十年来在数字化与智能化技术方面的积累，将原来的城市产业、技术中台、企业数字化和智能化业务整合升级为全新的品牌——"360 数智"，专注于 ToB（面向企业）和 ToG（面向政府）市场。360 数智不仅仅是一个全新的品牌，更是 360 对智能时代承诺与责任的体现。

15.1　国内数智化企业领航者

360 数智是 360 在 AI 数字化领域的一柄利剑，宗旨是高效落地 360 集团"上科技高山，下数字化蓝海"战略。所谓"上科技高山"，核心是为国家发展大模型技术贡献力量。2023 年，360 在国内首批推出千亿参数通用大模型——360 智脑，并且在 2024 年开源了 360 智脑的 70B 参数版本，同时打造了更贴近场景的垂直化、专业化的多模态、知识、情报和垂类大模型。而所谓"下数字化蓝海"，核心是大力发展企业级大模型，推动大模型"下海"，助力企业打造新质生产力。360 已经形成全套的城市、政府、企业大模型解决方案，致力于推动大模型真正转化为新质生产力。另外，除了大模型本身，

360 数智也会持续创新 AI 相关产品和工具,从而更好地服务于广大政企单位及中小微企业。

作为国内数智化企业领航者,360 深知数智化升级是一场深刻的变革,它不仅关乎技术的进步,更关乎理念的更新、模式的创新。因此,360 将不断探索,不断学习,不断创新,以开放的心态,与客户共同成长,共同迎接数智化时代的挑战与机遇。如图 15-1 所示,360 数智的服务范围已经覆盖全国 30 多个主要城市和上千家政企单位。

图 15-1　持续创新 AI 相关产品和工具,更好地服务于广大政企单位及中小微企业

15.2　满载荣誉的 AI 大模型厂商

360 智脑大模型是 360 集团自主研发的千亿参数级认知型通用 AI 大模型,具备生成与创作、多轮对话、代码编写、阅读理解、逻辑与推理、多模态等

十大核心功能。该模型在多个领域，如文本生成、图像生成及文本到视频的转换等方面展现出了强大的跨模态生成能力。

360 智脑大模型于 2023 年上半年正式推出，并在同年 9 月全面开放给公众使用。该模型在国内外多项测试中表现优异，获得工信部和 GPT 产业联盟等组织评选颁发的多项荣誉。此外，360 智脑还通过了信通院的评估，成为国内首个可信 AIGC 大模型。

360 智脑大模型不仅在技术上取得了显著突破，还在商业化应用方面展现了巨大潜力。例如，它已经接入了 360 "全家桶" 产品，包括搜索引擎、浏览器、安全卫士等核心产品。同时，360 还推出了 AI 数字人平台，提供 200 多个角色供用户选择和定制。

总的来说，360 智脑大模型凭借其先进的技术和广泛的应用场景，已经成为国内最先进的一批大模型应用之一，并且在推动 AI 技术的专业化应用方面发挥了重要作用。图 15-2 展示了 360 取得的多项行业荣誉与成就。

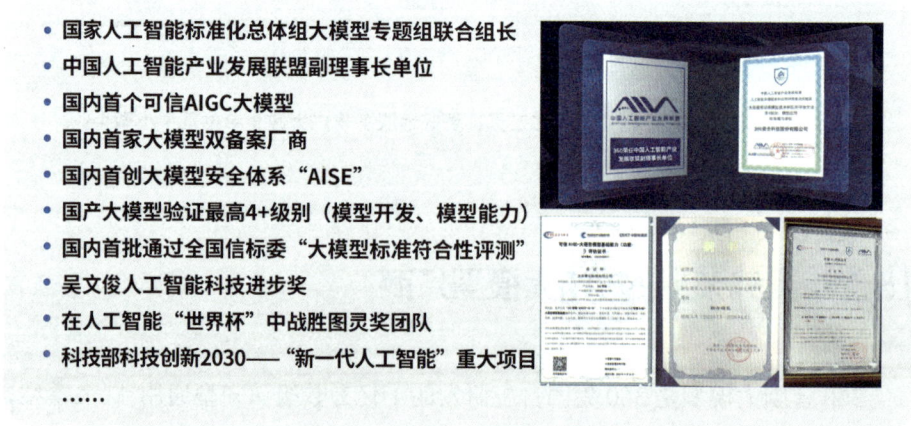

- 国家人工智能标准化总体组大模型专题组联合组长
- 中国人工智能产业发展联盟副理事长单位
- 国内首个可信AIGC大模型
- 国内首家大模型双备案厂商
- 国内首创大模型安全体系 "AISE"
- 国产大模型验证最高4+级别（模型开发、模型能力）
- 国内首批通过全国信标委 "大模型标准符合性评测"
- 吴文俊人工智能科技进步奖
- 在人工智能 "世界杯" 中战胜图灵奖团队
- 科技部科技创新2030—— "新一代人工智能" 重大项目
- ……

图 15-2　取得多项荣誉与成就

15.3　深耕 AI 领域十余载

在 AI 领域，360 走过了十余年的漫长道路。早在 2010 年，360 就推出了完全自主研发的第三代 AI 安全杀毒引擎，采用支持向量机等监督学习算法，具备"自学习、自进化"能力，无须频繁升级特征库，就能免疫 99% 以上的加壳和变种病毒，不但查杀能力领先，而且从根本上攻克了前两代杀毒引擎"不升级病毒库就杀不了新病毒"的技术难题，在全球范围内属于首创。

2012 年，360 凭借强大的用户群和流量入口优势，推出了搜索业务。同时，为了更好地理解搜索用户提出的各类文搜文、文搜图问题，并给出更优的检索结果，360 在跨模态搜索以及自然语言处理等技术上不断加大投入，持续跟进 T5、BERT 等模型技术。

2016 年，360 开始布局 IoT（Internet of Things，物联网）及可穿戴设备领域。为了能够更好地服务用户，让 IoT 设备与可穿戴设备更加智能，360 在视觉云平台上开放了算法商城，让用户可以结合自身需求，更低成本、更高效地让自身的 IoT 设备叠加智慧能力，包括机器视觉领域的各类场景识别能力。

到了 2023 年，也就是大模型商用元年，在数字智能化业务领域，我又提出"AI 信仰"和"All in AI"的理念，以自身为表率，全面拥抱 AI，把 AI 作为重要的发展战略。360 一方面继续全力自研生成式大语言模型技术，造自己的发动机；另一方面占据场景做产品，快速推出相关产品和服务。目前 360 已经重塑产品体系，在现有产品上叠加了 AI 能力，推出了以 360AI 搜索、360AI 浏览器、360 智脑等为代表的多款消费者市场爆品。图 15-3 以时间为轴，展示了十余年来 360 在 AI 领域的重要探索和成就。

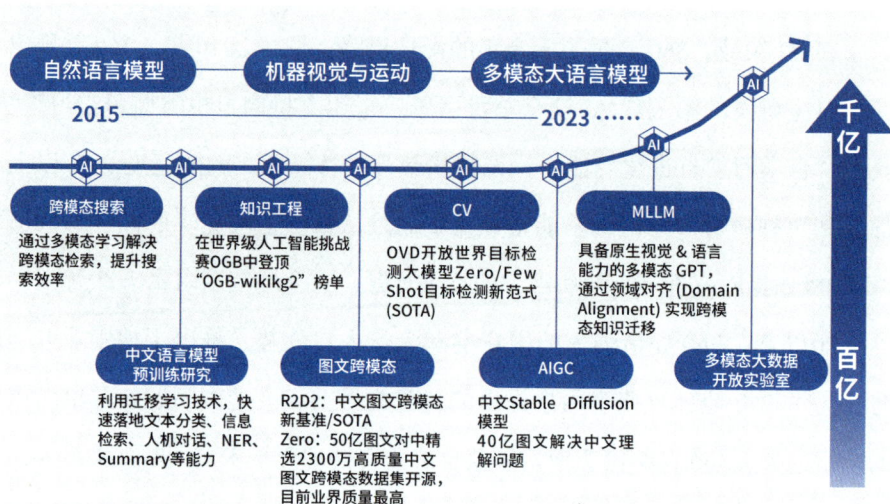

图 15-3　深耕 AI 领域十余载

15.4　国内领先的数智化算力资源

实践是检验真理的唯一标准。360 积累了丰富的算力资源，为数字化和智能化的研究实践提供试验田。图 15-4 展示了 360 拥有的丰富的数据、算力等资源。

全网视野	360在云端聚集了海量安全大数据，完整收集了网络上几乎所有的高危程序行为和访问恶意网址行为数据，网络攻击都将落入视野
历史维度	从2008年开始完整存储记录了10余年的全量安全数据，对于攻击线索的历史回溯关联无可替代
规模世界第一	总投资372亿元，安全数据总规模2.2EB，**每天新增1.5PB**，数据维护费用5亿元/年
资源支撑	出口带宽2300Gbps，日处理日志2000亿条，210个数据中心，25万台服务器（CPU总物理核数超100万）

泛终端安全数据

- PC、服务器、IoT终端
- 高危程序行为、恶意网址访问行为
- 15亿台终端、225个国家和地区

全球互联网基础信息

- 90亿+条域名信息
- 每天新增300万+条
- 实时Passive DNS数据

网络资产测绘信息

- 测绘数据总量300亿条
- 全球风险1.5亿条
- 国内风险6500万条

全网安全大数据

最大存活网址库

- 每天查询300亿条
- 覆盖国内96%网址数据的客户端
- 每日恶意网址拦截7.5亿个

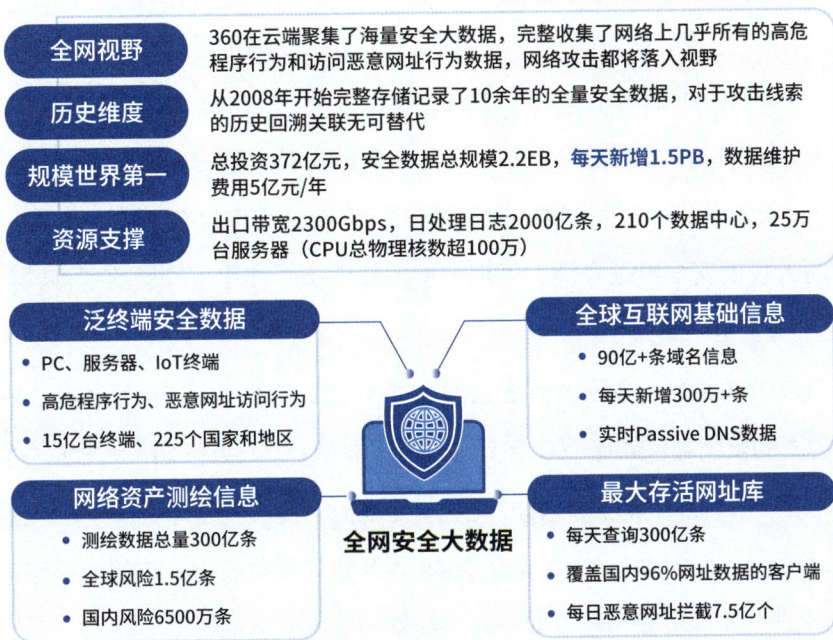

图 15-4　丰富的算力资源，为数字化和智能化的研究实践提供试验田

　　360 具备大模型训练、推理所必需的基础设施，拥有物理机房 210 个，超过 2000 台搭载 A100 等型号 GPU 的深度学习服务器，在线物理机 25 万台，CPU 总物理核数超过 100 万，从算力层、框架层、平台层与能力层提供全栈的工程能力。

　　360 拥有大规模、高性能的 GPU 算力中心，支持多样的算力资源，具备混合云算力弹性接入能力，支持多云融合、国产化芯片，支持快速扩展到万卡级别算力，为大模型的分布式训练提供稳定、充足的算力支持。

15.5   丰富的数据资源

360 拥有业界独树一帜的丰富数据资源，索引网页超 5000 亿个，日均检索量 9.2 亿次。在大数据领域，云端安全数据规模大到一定程度时，通用的 Hadoop、Elasticsearch 等大数据框架无法处理。360 利用自有互联网搜索技术，首创超大规模安全数据存储、处理和检索技术，并孵化了自己的"奇麟"与"雷达"大数据一站式平台。

目前 360 安全大数据拥有恶意网址样本 180 亿条，资产测绘数据 300 亿条，建立勒索病毒家族库 800 余个。在全网维度上，亿万终端＋大数据分析＋ AI+ 持续数据运营，建立了全球／全网安全视野，能看到全球／全网安全态势。在全时维度上，360 安全大数据从 2008 年开始规模化收集，完整地存储记录了 10 余年的全量安全数据，对于攻击线索的历史回溯关联无可替代。

作为国内领先的搜索引擎服务商，360 拥有强大的爬虫抓取能力，尤其是定向数据抓取能力，包括抓取英文语料，具备强大的网页结构化数据抽取和数据清洗能力。同时 360 还拥有海量的、最新的、优质的搜索数据，每天更新查询 300 亿条网址数据，全球互联网域名信息超过 90 亿条。360 百科拥有 1944 万个词条，360 问答拥有 6 亿条问答，360 文库拥有 6 亿篇文档，360 题库拥有 1 亿条题目，另外还拥有大量中文论文等数据资源，如图 15-5 所示。

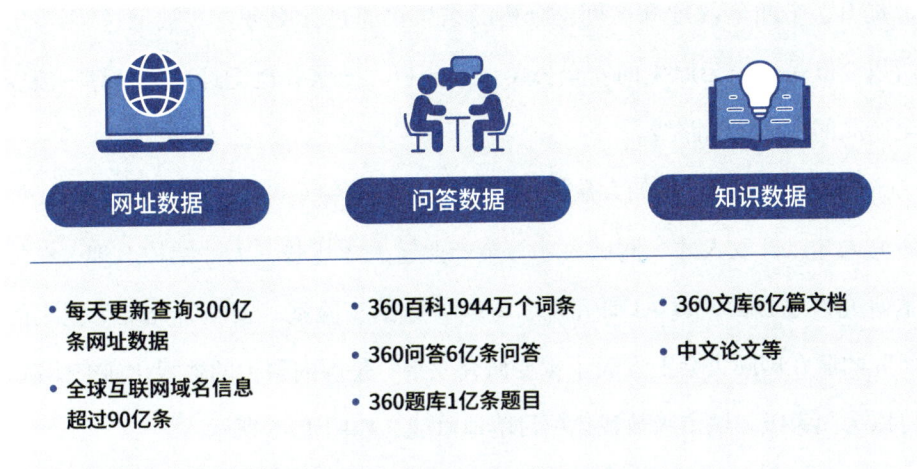

图 15-5　360 拥有海量的、最新的、优质的搜索数据

15.6　国内顶尖的专业人才

　　360 的数字化、智能化发展并不是一蹴而就的，在做互联网和数字安全的这 10 余年间，360 一直在潜心修炼数字化与智能化的内功，在云计算、大数据、AI 领域都有着不错的能力与成果。这些能力与成果的取得离不开国内顶尖的专业人才。

　　在云计算领域，360 依靠丰富的工程化与运维经验，服务着全球 15 亿用户，提供稳定且连续的互联网及安全在线云服务，并孵化了 360 自己的云管理平台 360Stack。同时 360 全球首创"云查杀"业务模式，最早开创云分析和云服务的技术路线。通过云分析，能够把安全数据传输到云端与全网数据做比对和关联，把传统安全产品的就地分析、本地分析升级为全网分析，大大提升了分析的深度和广度，分析的结果再通过云服务方式被推送至终端，所以 360 是一家云原生的安全公司。云分析、云服务也已经成为世界一流安全产品的主流技术路线。

360 拥有国内顶尖的大数据、AI 和网络安全领军人才，具有"智改数转"研究人才、开发人才、测试人才等全产业链人才优势，人才结构合理。在技术研究人才方面，以 AI 研究院、奇麟大数据实验室、安全研究院为代表的研究团队在国际大会上发表了重要研究成果，是国内顶尖的数智化研究团队，可以为国家级、城市级数智化项目落地赋能，如图 15-6 所示。

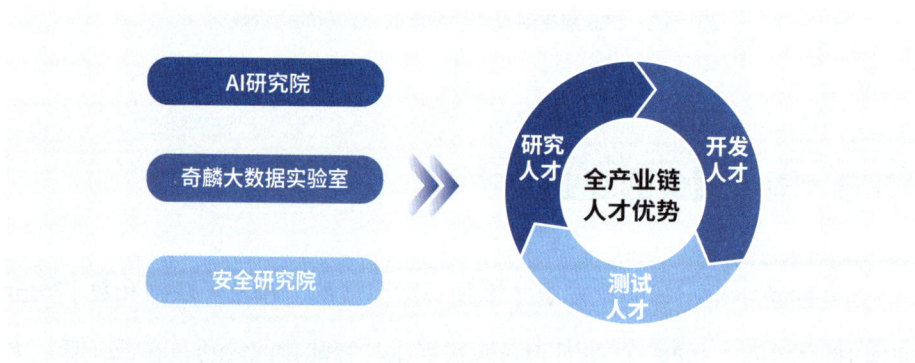

图 15-6　360 拥有国内顶尖的大数据、AI 和网络安全领军人才，是国内顶尖的数智化研究团队

第 16 章

360 企业级大模型落地方案

16.1　360 企业级大模型的六大基础设施

政府和企业落地大模型肯定会有很多重复性工作，为避免重复建设，360 在总结 100 多个项目经验的基础上，提出了六大基础设施，作为政府和企业落地大模型的基础能力，包括大数据增强、业务增强、多模态处理、情报分析、知识管理和业务融合。这六大基础设施里有多个垂直大模型，这些模型可以进行自由组合，从而灵活满足政府和企业的需要。下面我们对这些基础设施进行简单介绍。

第一是大数据增强基础设施。近几年来，各个行业用户的大数据项目建设如雨后春笋，但是在落地的过程中，仍然出现了使用门槛高、数据不共享、不好用等问题。大数据增强基础设施旨在利用大模型能力对原有大数据能力进行补足和增强，跑通大数据应用的"最后一公里"。此外，除了能够利用大模型的自然语言处理能力分析挖掘数据，完善大数据的应用落地体验，大数据增强基础设施还可以作为大模型应用的组件，解决大模型只会讲道理不会摆事实，即不会拿真实场景数据说话的问题。

第二是业务增强基础设施。业务增强基础设施主要是利用大模型将原来由人类手工操作的系统，变成自动化和智能化操作的系统。例如通过业务增强基础设施，可以用一个或者多个智能体把不同的模型、业务系统功能或者业务工作流程打通，实现联动式调用。

第三是多模态处理基础设施。多模态指的是大模型同时处理和分析不同模态（如文本、图像、音频等）的数据，并进行有效的融合和决策。依托多模态处理基础设施，可以让大模型应对更复杂的任务和场景，提高 AI 应用的全面性和精准性，保证大模型落地效果。

第四是情报分析基础设施。情报分析基础设施主要是利用网络爬虫抓取海量的外部情报，再结合大模型 MoE 架构进行数据的处理和加工。在获取爬虫爬取的海量情报后，可以进行深入的情报分析处理，包括文本分类、实体识别、情感分析、关联挖掘等，从而提取有价值的信息。

第五是知识管理基础设施。虽然各个行业都在建设大数据平台，但实际上很多用户"大数据"并没有被真正完整地收集和提炼，包括散落在政府、企业内部各处的"暗数据"等。知识管理基础设施可以高度融合数据平台、数据治理能力、大模型技术，实现内外部数据整合、深度挖掘，以及知识的高效利用，还可以提高政府、企业的信息管理能力，促进知识共享、协作和创新，避免内部大量的重复发明与低效的信息知识查询。

最后是业务融合基础设施。大模型落地，是否能够与业务融合至关重要。为了真正让大模型能力渗透到政府、企业的实际业务场景中，可以利用业务融合基础设施，把政府、企业内外部的组织人员、数字化系统、业务流程、数据知识充分打通，并且将大模型的能力通过数字员工、API 等多种方式开放给所需的人员与系统，让大模型应用具备高度的可扩展性和灵活性。

**六大基础设施之间可自由组合，
满足各类场景需求，达到事半功倍的效果。**

16.2　360 城市级大模型落地解决方案

针对大模型在垂直应用场景落地困难的问题，360 从多个行业用户的实践中总结提炼出了"1+4+6+N"的大模型应用建设范式，形成了一个相对科学严谨的结构化解决方案。

"1+4+6+N"中的"1"是指基于一个通用大模型底座来构建垂直场景的大模型应用。通用大模型底座能力是实现行业模型和垂直应用持续进步的关键，需要依托自主可控平台进行创新，同时也应评估其语言理解能力、数学能力、代码能力、多模态理解能力等核心能力是否满足业务基础需求。

"1+4+6+N"中的"4"是指建设大模型四类基础平台，包括算力工场、数据工场、大模型工场、智能体工场。下面分别简单介绍。

算力工场是大模型相关项目的核心组成部分，主要负责提供强大的智能计算能力，以支持大模型的训练和推理。算力工场通常配备高性能的计算节点，这些节点可以是通用的计算服务器，也可以是专门为 AI 任务设计的加速卡，如 GPU、TPU 等。通过高效的算法优化和资源调度，算力工场能够为各种 AI 应用提供充足的计算资源，确保模型能够在合理的时间内完成训练和推理任务。

数据工场专注于训练数据的处理和治理。在智算中心，数据工场负责数据的收集、清洗、存储、标注和统筹管理。数据工场不仅要保证数据的安全性和可靠性，还要对大量数据进行快速处理和分析，以便高质量地训练大模型。数据工场通常采用分布式存储系统和高效的数据处理工具，以实现数据的快速访问和处理。

大模型工场主要是对模型开发、训练、推理、部署的全流程进行管理，这些模型可以是预训练的模型，也可以是根据特定任务需求定制的垂直、专业模型。此外，大模型工场还会不断优化模型的结构和算法，以提高模型的准确性和效率。

智能体工场的核心作用是将 AI 技术嵌入具体的业务场景。智能体工场集成与组合各种算法模型、技能、工具，通过低代码或者零代码模式开发出能够解决实际问题的智能体。这些智能体可以应用于自动驾驶、智能制造、智慧医疗等领域，为企业提供智能化的解决方案。智能体工场不仅需要具备强大的研发能力，还需要了解不同行业的业务需求，以便提供更加符合实际需要的智能体。

"1+4+6+N" 中的 "6" 是指利用各种工具建设大模型配套的各项通用基础设施，主要包括大数据增强、业务增强、多模态处理、情报分析、知识管理、业务融合，16.1 节已经进行了详细介绍。

"1+4+6+N" 中的 "N"，指 N 类大模型应用场景，这些场景以上述 "1+4+6" 为依托，可以面向各个行业提供垂直大模型应用场景服务。360 自从布局 AI 领域开始便积极参与各类垂直应用场景的方案设计，拥有众多落地实践案例，包括面向社会基层治理与政务服务的政务大模型，面向炼钢炼铁企业优化生产工艺流程的工业大模型，面向检察院办案的法律监督大模型，面向互联网信息治理的内容安全大模型，以及面向政府优化完善经济发展工作的经济大模型，等等。通过与用户实际业务流程、知识数据相结合，大模型可以更好地发挥在行业纵深领域的巨大潜力。

下面我们就以法律监督大模型和经济大模型为例,感受一下场景大模型落地前后的巨大变化。

首先来看法律监督大模型的例子。在当前信息化、数字化的时代背景下,检察官在办案过程中所接触的各类文书材料多以非结构化电子数据形式存在。非结构化数据对法律监督业务模型的技术实现提出了更高要求。传统的技术实现路径难以解决非结构化数据问题,对电子卷宗等非结构化数据还停留在以人工方式采集或购买服务的阶段,其固有的局限性在对大数据量和复杂关联数据的处理上体现得尤为明显。现有的智能辅助办案工具通常基于传统的数据挖掘算法,而人为预设的固定规则导致推理过程过于简单,难以表达数据间复杂的逻辑关系,检察官只能被动接受输出的结果。同时,网络违法犯罪呈现增长态势,新型违法犯罪手段不断涌现,新型违法犯罪案件的复杂性和多样性不断提升,导致检察人员需要花费更多的时间和精力进行数据收集整理、知识技能学习、法律法规查询等基础工作,影响办案效率。而法律监督大模型的应用,根据法律监督业务需要,对具有"同类案件少、个案特征多样"特点的非结构化法律监督数据进行专门研究,实现了非结构化数据的结构化转换。在此基础上打造法律监督知识库,构建法律监督垂直大模型,建立法律监督智能体系统,通过垂直领域的增强检索,快速、高效地实现了面向法律监督业务的自然语言交互系统,为检察官提供强有力的智能辅助工具,提高了法律监督工作的智能化水平。

再来看经济大模型的例子。区县级经济是整个国民经济的重要组成部分,在推动区域经济发展、改善人民生活水平等方面发挥着重要作用。但是，区县级经济的增长和发展受到多种因素的影响，包括人才引进、投融资环境、基础设施建设、市场波动等，这些导致区县级政府各项经济工作的开展面临巨大压力。与此同时，在产业招商、企业服务、经济数据统计等工作的背后，仍有诸多问题需要解决，例如招商匹配不精准，统计数据与实际经济发展不匹配，经济指挥调度工作信息不对称、应对突发事件的能力不足及缺乏科学调度方案等。在应用了经济大模型以后，通过全面收集和整合政府、企业和社会各界的海量数据信息，展示投资环境，匹配资源要素，连接项目服务，可以实现招商工作的智能化、高效化和精准化。在此基础上，以"整合资源、数据共享、高效服务"为指导思想，运用"大数据智能分析＋经济运行＋政府科学决策"的创新理念，借助大数据、AI、数据预测等主流技术建设地方"经济运行"新应用，实现政府核心职能数字化重构，可以做到既能短期显著提升经济指标，又能系统化、持续性地提升地方政府的经济运行治理能力。

下一节我们将更进一步，再介绍 6 个企业级大模型在政府、企业落地的案例，供政府和企业参考。

16.3　360 企业级大模型典型案例

16.3.1　案例一：大模型赋能某市 12345 便民服务平台

图 16-1 总结了该案例的整体情况。

图 16-1   大模型赋能某市 12345 便民服务平台

我们曾帮助某市 12345 便民服务平台做规划，其实全国各地的城市都有同样的需求。这个便民服务平台，老百姓可能通过小程序用，可能打电话用，原来都是基于搜索和数据库做的，只要老百姓的问题表述不准确，平台基本上就回答不上来。有些老百姓问的问题不是在一篇文档里就可以找到答案的，可能涉及政府发的好几个文件，因为没有把这些文件融会贯通，所以就找不到答案，结果就出现了棘手工单处置"乱"、回复文书编写"慢"、政策法规理解"难"的问题。

政府的政策法规很多，如果老百姓的问题特别简单，拿一个规章出来就可以解决，但是我们碰到的问题都很复杂。在落地政务大模型之后，平台效率有了显著提升，我们具体来看一下。

在引入大模型赋能之前，该市 12345 便民服务平台面临以下效率和响应上的挑战。

- 惠民查询平均需要耗时 7 日。
- 惠企政策的推送和应用依赖人工操作。
- 流程审核过程耗时长，效率不高。

引入大模型后，服务平台的效率和响应速度有了以下显著提升。

- 惠民响应时间大幅缩短至平均 15 分钟。
- 惠企政策触达率提高至 90%。
- 流程审核时间被压缩到 3 日内。

通过对比可以看出，大模型的引入为该市 12345 便民服务平台带来了以下变化。

- **响应速度**：从 7 日缩短到 15 分钟，极大提升了政府服务的响应速度和民众的满意度。
- **政策触达**：通过智能分析和推送，促进了企业对政策的了解和应用，触达率提升至 90%。
- **审核流程**：流程审核的时间大幅缩短，从过去的耗时长状态优化到 3 日内完成，提高了工作效率。
- **问题处置**：通过大模型的 1 秒快速分析，简化了工作流程，实现了标准化办理。

- **文书编写**：文书编写时间从平均 4 小时缩短至平均 2 分钟，提高了工作效率，同时保持了文书的专业性和精简性。
- **政策法规实施**：实现了政策法规的自动匹配，正确率高达 98%，减少了理解难和执行难的问题。

综上所述，大模型的赋能显著提升了该市 12345 便民服务平台的服务质量和效率，为民众和企业提供了更加快速、便捷的服务体验，极大地减轻了办公人员的工作负担，提升了老百姓的幸福感和获得感。

16.3.2   案例二：某工程公司落地 AI 与 IT 协同

图 16-2 总结了该案例的整体情况。

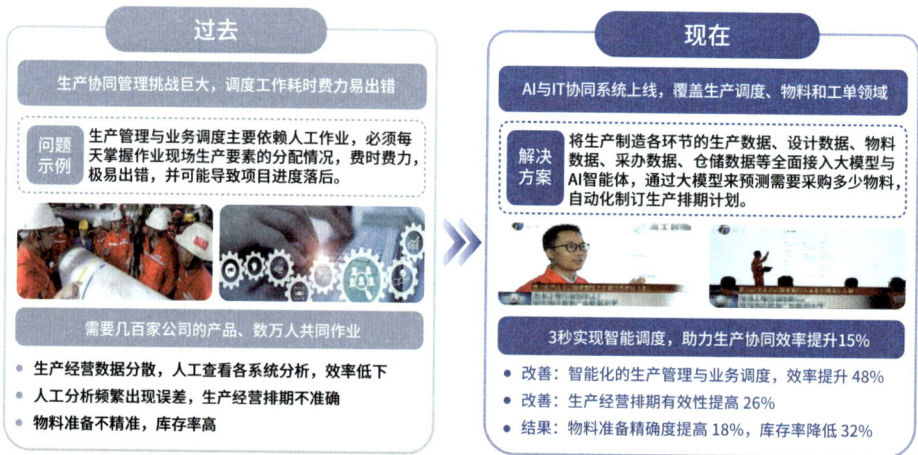

图 16-2   某工程公司落地 AI 与 IT 协同

我们再看一下某工程公司的案例，它落地的是 AI 与 IT 系统的协同应用。该公司的痛点是什么呢？它有很多 IT 系统，生产经营数据很分散，公司领导问一个数字，业务人员要查几十个系统，然后把数据拿回来，还要做报表，等到给领导做好了，领导可能都忘了这件事了。此外，决策支持的速度太慢，人工分析频频出现误差，生产经营的排期不准确，物料准备不精准。

我们做了这个大模型项目，把该公司所有的数据、所有的业务系统全面接入大模型，通过大模型来预测要采购多少物料，自动化地制订排期计划，效率明显提升。这个案例，虽然场景做得很窄，只解决了一部分问题，但我们不追求上个大模型就让企业一夜之间全部自动化，而是在一个关键的环节上提高了效率。具体收益我们可以简单了解一下。

在使用大模型以前，该公司的生产协同管理面临以下挑战。

- 生产调度和业务管理主要依赖人工作业，需要每天掌握现场生产要素的分配，过程费时且容易出错。
- 管理与业务调度主要依赖人工，导致项目进度可能落后。
- 需要协调几百家公司的产品和数万人作业，工作量巨大。
- 生产经营数据分散，人工查看各系统分析，效率低下。
- 人工分析频繁出现误差，导致生产经营排期不准确。
- 物料准备不精准，库存率高。

随着 AI 与 IT 协同系统上线，生产协同管理得到了以下显著改善。

- 覆盖了生产调度、物料和工单领域，实现了生产数据、设计数据、物料数据、采办数据、仓储数据等的全面接入。
- 通过大模型与 AI 智能体预测所需物料，自动化制订生产排期计划。
- 3 秒内实现智能调度，助力生产协同效率提升 15%。
- 智能化的生产管理与业务调度，效率提升了 48%。
- 生产经营排期的有效性提高了 26%。
- 物料准备精确度提高了 18%，库存率降低了 32%。

通过对比过去和现在的情况，可以看出 AI 与 IT 协同系统为该公司带来了以下主要变化。

- **调度效率**：从人工调度到 3 秒智能调度，生产协同效率提升了 15%。
- **管理效率**：从人工查看各系统分析到智能化管理，效率提升了 48%。
- **排期有效性**：生产经营排期的有效性提高了 26%，减少了人工排期的误差。
- **物料管理**：物料准备精确度提高了 18%，库存率降低了 32%，提高了物料管理的精准度和效率。

综上所述，AI 与 IT 协同系统显著提升了该公司的生产协同管理效率，减少了人工操作的误差，优化了物料管理，为工程项目的顺利进行提供了有力支持。

16.3.3　案例三：某连锁旅游平台落地智慧巡店系统

图 16-3 总结了该案例的整体情况。

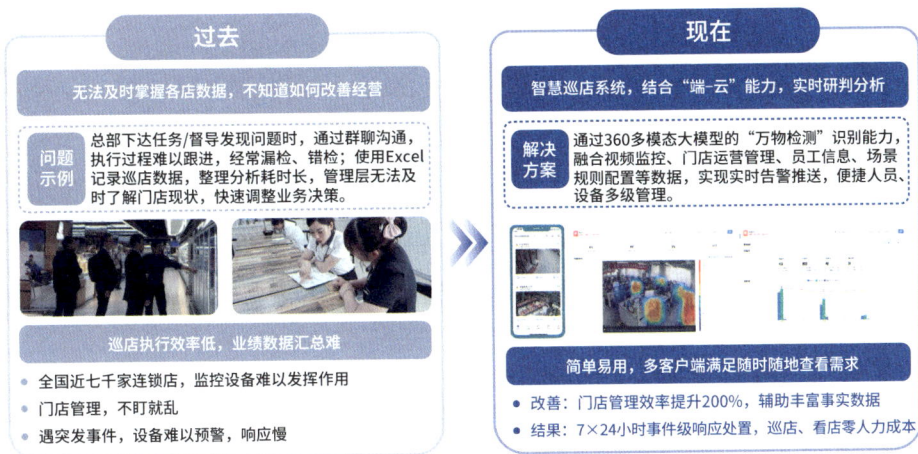

图 16-3　某连锁旅游平台落地智慧巡店系统

这是一个旅游平台智慧巡店的业务。这个平台的近七千家门店都装了摄像头，但是还需要人工巡店。不盯着，人就乱，对突发状况无法预知。这让我想起山西某市说过的，一家煤矿"无视频，不作业"。360 多模态大模型在端侧、云侧都配备了 AI 大模型，大模型能看懂发生的很多事情，使得摄像头的作用从事后的记录查询，变成事前的预警、事中的警报。

过去传统的图像识别虽然也可以做，但是只要提一个要求，比如说要区分矿井里工人戴没戴安全帽，就得改模型。有人在不该抽烟的地方叼着个烟卷，或者按规定这个地方应该有人值守，但突然人消失了……所有这些场景用小模型都得一个一个地做，现在大模型可以统一解决。所以说，这些案例虽然很具体，但抽象来看，我相信在很多现场管理的场景下能找到需求。

在引入智慧巡店系统之前，该连锁旅游平台面临以下问题。

- 无法及时掌握各门店的运营数据，缺乏有效的经营改善手段。
- 总部下达任务或督导发现问题时，主要通过群聊沟通，执行过程难以跟进，容易出现漏检和错检。
- 使用Excel表格记录巡店数据，整理和分析耗时较长，影响管理层的决策效率。
- 全国近七千家连锁店，监控设备难以发挥作用，导致门店管理混乱。

引入智慧巡店系统后实现了以下改进。

- 结合"端-云"能力，实现了实时研判分析，能够及时了解门店现状。
- 通过360多模态大模型的"万物检测"识别能力，融合视频监控、门店运营管理、员工信息、场景规则配置等数据，实现实时告警推送。
- 简单易用的多客户端设计，满足随时随地查看的需求，提高了巡店执行效率。

- 门店管理效率提升了 200%，辅助丰富事实数据，实现了 7×24 小时
  事件级响应处置，巡店、看店实现了零人力成本。

通过对比过去和现在的情况，可以看出智慧巡店系统为该连锁旅游平台
带来了以下主要变化。

- **数据掌握**：从无法及时掌握数据到实时研判分析，提高了对门店运营
  情况的了解程度。
- **沟通效率**：从群聊沟通到实时告警推送，提高了问题发现和响应的
  效率。
- **数据处理**：从 Excel 表格记录和分析到实时数据融合分析，大幅缩短
  了数据处理时间。
- **管理效率**：从门店管理混乱到门店管理效率提升 200%，实现了更高
  效的门店管理。
- **成本节约**：从人力密集型巡店到 7×24 小时自动化响应，实现了零人
  力成本的巡店和看店。

综上所述，智慧巡店系统的引入显著提升了该连锁旅游平台的运营效率
和管理水平，降低了管理成本，提高了对突发事件的响应能力。

16.3.4　案例四：大模型赋能某市政府政策法规咨询业务

图 16-4 总结了该案例的整体情况。

图 16-4　大模型赋能某市政府政策法规咨询业务

在大模型赋能某市政府政策法规咨询业务的项目中，涉及一个抚恤金发放的问题：丈夫（已经牺牲）的户籍在一个区，其妻子的户籍在另外一个区，抚恤金应该由哪个区发放？人工处理需要去查阅多项不同的政策，查阅不同的法律，费时费工，大概总共耗时 7 天，投入 2 人，才给了民众答复。这个案例实际上是一个知识管理的案例。我们把多级政府的政策规范、业务流程、基础人口信息数据汇集起来，形成政策知识库，利用大模型的推理与分析能力来做分析，把响应时间从 7 天降到了 15 分钟。我们来看看具体的分析。

在大模型赋能之前，该市政府政策法规咨询业务存在以下问题。

- 民众与企业的各类政策咨询类业务的响应速度慢，准确度不高。
- 处理抚恤金发放等问题时，需要查询历年与现今抚恤金发放政策，过程烦琐且耗时。
- 需要比对国家、省市区各级政策法规，并寻找判例，提高了工作复杂性。
- 需要安排专人进行手动查询和比对工作，效率低下。

引入大模型赋能后，该市政府政策法规咨询业务得到了以下显著改进。

- 政策咨询类业务的响应变得更加敏捷，扶持补贴性政策的触达率大幅提升。
- 汇聚多级政府政策规范、业务流程、基础人口信息等数据，形成政策知识库。
- 结合大模型的推理与分析能力，为政府提供智能政策辅助分析。

通过对比过去和现在的情况，可以看出大模型赋能为该市政府政策法规咨询业务带来了以下主要变化。

- **响应速度**：复杂政策咨询业务的响应时间从 7 天下降到 15 分钟，大幅提高了响应速度。
- **人员需求**：从需要 2 人变为减少介入人员，提高了工作效率。
- **政策分析**：通过训练大模型并建立政策智能知识库，提高了政策分析的自动化和智能化水平。

- **查询比对**：通过大模型的智能分析，减少了人工查询比对的工作量。

综上所述，大模型的赋能显著提升了该市政府在政策法规咨询业务方面的效率和准确性，减轻了工作人员的负担，提高了民众和企业的满意度。

16.3.5　案例五：某市公安落地智慧报警平台

图 16-5 总结了该案例的整体情况。

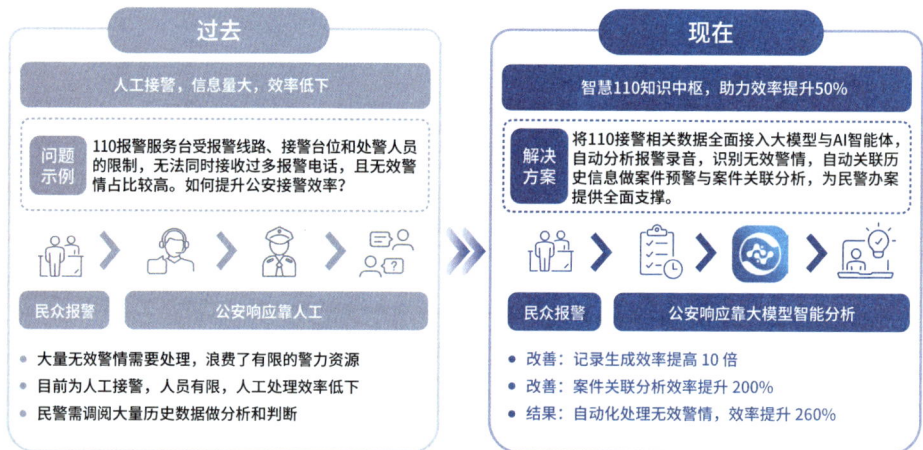

图 16-5　某市公安落地智慧报警平台

这是某市公安落地智慧报警平台的例子。我觉得其他地方的公安部门可能也有类似问题，就是公安系统每天会接到几千甚至上万个 110 报警电话，但大部分不是真的警情，而是无效警情。实际上大部分情况不需要出警，所以需要提升处理效率。我们就把往年几十万的案例全部训练进大模型，让大模型理解人是怎么处理的，什么警情该报，什么警情不该报。大模型在学习之后自动听录音，自动接听电话，再由民警做决策。记录的生成效率提高了10 倍，案件关联分析效率提高了 200%，无效警情处理效率提升了 260%。

该市公安在落地智慧报警平台之前，存在以下问题。

- 110 报警服务台受限于线路、接警台位和警力，无法同时接收过多报警电话。
- 人工接警方式面临信息量大、处理效率低下的问题，且大量无效警情占用了有限的警力资源。
- 民警需要调阅大量历史数据进行分析和判断，手动处理效率低下。

落地智慧报警平台后，实现了以下改进。

- 引入智慧 110 知识中枢，通过大模型与 AI 智能体技术，助力接警效率提升 50%。
- 自动分析报警录音，识别无效警情，自动关联历史信息进行案件预警与案件关联分析。
- 记录生成效率提高了 10 倍，案件关联分析效率提升了 200%。
- 自动化处理无效警情，效率提升了 260%。

通过对比过去和现在的情况，可以看出智慧报警平台为该市公安带来了以下主要变化。

- **接警效率**：从人工接警到智慧110知识中枢，接警效率提升了50%。
- **无效警情识别**：通过AI技术自动识别无效警情，大幅减少了警力资源的浪费。
- **案件处理**：案件关联分析效率提升了200%，为民警办案提供了全面支撑。
- **记录生成**：记录生成效率提高了10倍，提高了案件处理的速度和质量。
- **历史数据分析**：自动化处理无效警情，效率提升了260%，减轻了民警的工作负担。

综上所述，智慧报警平台的落地显著提升了该市公安的接警效率和案件处理能力，通过技术手段减少了警力资源的浪费，提高了公安工作的智能化水平。

16.3.6 案例六：大模型赋能互联网舆情发现

图16-6总结了该案例的整体情况。

我们帮助某单位落地了互联网舆情发现大模型应用。过去，媒体内容多以文本形式存在，现在的舆情和情报常常隐藏在短视频和直播视频流里。原来通过关键词匹配的方式，只能理解表面含义，无法发现隐晦的不良信息，而且难以兼顾准和全，误报多，人工复核耗时费力。我们为此训练了具有"中国立场"和"中国价值观"的情报大模型，让它学习了网信专家的思考过程和研判经验，可以把音频、视频、图文中具有不良动机的隐晦内容准确识别出来。下面我们具体来了解一下。

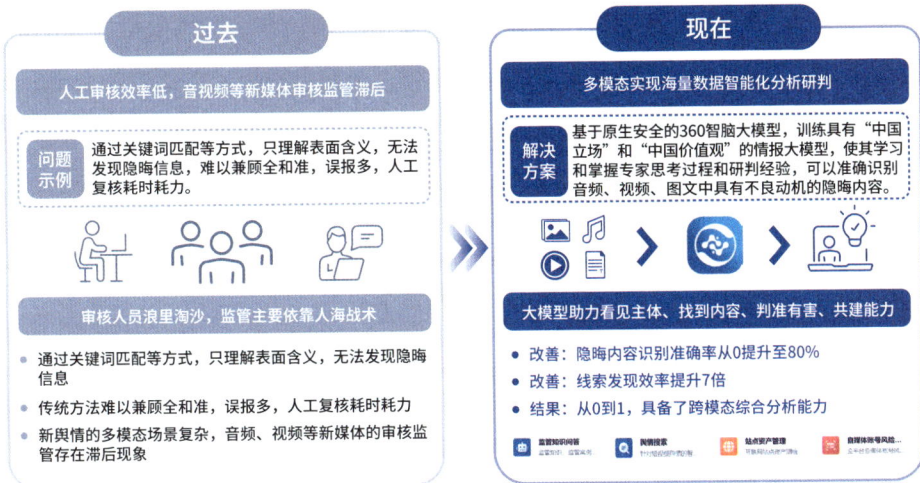

图 16-6　大模型赋能互联网舆情发现

在大模型赋能之前，互联网舆情发现存在以下问题。

- 人工审核效率低，尤其是在音视频等新媒体审核监管方面存在滞后现象。
- 审核主要依赖关键词匹配等传统方法，只能理解表面含义，难以发现隐晦的不良信息。
- 审核人员需要进行大量人工复核，耗时耗力，误报多。
- 监管主要依靠人海战术，效率不高。

引入大模型赋能后，互联网舆情发现实现了以下改进。

- 多模态技术实现海量数据的智能化分析研判，提高了审核效率。

- 基于 360 智脑大模型，训练具有"中国立场"和"中国价值观"的情报大模型，能够准确识别音频、视频、图文中隐含不良动机的内容。
- 大模型助力提升了隐晦内容的识别准确率，从 0 提升至 80%。
- 线索发现效率提升了 7 倍，大幅提高了监管效率。
- 从 0 到 1，具备了跨模态综合分析能力，能有效应对新舆情的多模态场景。

通过对比过去和现在的情况，可以看出大模型赋能为互联网舆情发现带来了以下主要变化。

- **审核效率**：从人工审核到多模态智能化分析，审核效率得到显著提升。
- **识别准确率**：隐晦内容的识别准确率从 0 提升至 80%，大幅减少了误报和人工复核的工作量。
- **监管能力**：从人海战术到大模型助力，监管能力得到加强，能够更有效地发现和处理不良信息。
- **技术应用**：从单一的关键词审核到跨模态综合分析，技术应用更加全面和深入。
- **监管效率**：线索发现效率提升了 7 倍，监管效率得到显著提高。

综上所述，大模型赋能显著提升了互联网舆情发现的效率和准确性，减少了人工复核的工作量，加强了监管能力，有效应对了新媒体环境下的舆情挑战。